Sven-David Müller-Nothmann
Christiane Weißenberger

Ernährungsratgeber Magen und Darm – Genießen erlaubt!

Sven-David Müller-Nothmann
Christiane Weißenberger

Ernährungsratgeber Magen und Darm – Genießen erlaubt!

Unter Mitarbeit von Dipl. oec. troph. Lynn Müller

schlütersche

Bibliografische Information der Deutschen Nationalbibliothek

Die Deutsche Nationalbibliothek verzeichnet diese Publikation in der Deutschen Nationalbibliografie; detaillierte bibliografische Daten sind im Internet über http://dnb.ddb.de abrufbar.

ISBN 978-3-89993-540-0

Anschrift der Autoren:
Sven-David Müller-Nothmann
Gotenring 37
50667 Köln
E-mail: info@svendavidmueller.de

Christiane Weißenberger
Lärchenstraße 15
97440 Werneck
E-mail: Christiane.Weissenberger@Weissenberger-finanz.de

Fotos:
AGphotographer 75, 146; Murat Baysan 90; Martina Berg 24; Ewa Brozek 22, 103; Maria Brzowskowska 41, 68; Florea Marius Catalin 44; Daniel Chadwick 80; Dave Crockett 72; dariuszsankowski 140; Dashek 16; Hannes Eichinger 25; Elena Elisseeva 83; emily2k 14; ErickN 115; Douglas Freer 54; Katia Gizzi 129; Jostein Hauge 125; Eduard Isakov 56 unten; Hubert Isselée 47, 85; Ivp 59; Pekka Jaakkola 63; Tomo Jesenicnik 43; Christian Jung 88; Bernd Kröger 97; Philip Lange 35; Letzelnet 28; Johnny Lye 94; Maciej Mamro 98; matka_Wariatka 100; Tammy Mcallister 70; MEV 74, 126, 136, 148; MH Fotodesign 147; Michael Möller 60; Stuart Monk 131; Jovan Nikolic 84; Monika Olszewska 61; OlgaLIS 106; Patrizier-Design 15; Giuseppe Porzani 92; ptlee 56 oben; Michael Röhrich 89; Clint Scholz 32; Otmar Smit 79; Joshua Smith 71; Oliver Steiert 135 oben; Jason Stitt 27; Suprijono Suharjoto 67; Alvin Teo 42; Travellinglight 29; Oliver Tuffé 34; Ingo Wandmacher 76, 77, 82, 86, 87, 93, 105, 107, 109, 111, 112, 113, 116, 117, 118, 119, 121, 123, 124, 127, 130, 133, 137, 139, 141, 143, 145, 149, 150, 151, 23, 62, 65, 73, 91; Arnaud Weisser 134, 135 unten; Andrey Yurov 142

Abkürzungen:

a. D.	=	aus der Dose
EL	=	Esslöffel
e. V.	=	eingetragener Verein
F. i. Tr.	=	Fettgehalt in der Trockenmasse
g	=	Gramm
geh.	=	gehackt
gem.	=	gemahlen
getr.	=	getrocknet
ger.	=	gerieben
I. E.	=	Internationale Einheiten (Mengenangabe)
kcal	=	Kilokalorien
kg	=	Kilogramm
kJ	=	Kilojoule (4,18 Kilojoule = 1 Kilokalorie)
mg	=	Milligramm
ml	=	Milliliter
Pck.	=	Päckchen
TL	=	Teelöffel

Gestaltung: Schlütersche Verlagsgesellschaft mbH & Co. KG, Hannover
Satz: Die Feder GmbH, Wetzlar
Druck und Bindung: Schlütersche Druck GmbH & Co. KG, Langenhagen

Inhalt

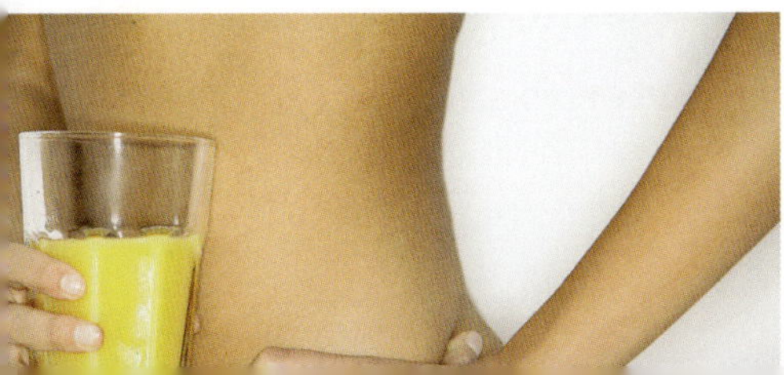

Vorwort

Liebe Leserin, lieber Leser,

der Mensch ist auf die regelmäßige Zufuhr von Nahrung angewiesen, wenn er fit, leistungsfähig, aktiv und attraktiv bleiben möchte. Ein gesunder Magen-Darm-Trakt ist wichtig für ein gesundes Leben. Nach der Verdauung findet die Ausscheidung der Nahrungsüberbleibsel über den Darm statt. Der Darm kann nur optimal funktionieren, fit, aktiv und in Schwung bleiben und die Stuhlentleerung gut funktionieren, wenn Sie das Richtige in der richtigen Menge essen und trinken.

Obwohl in Deutschland zu viel gegessen wird und die Gürtel ständig weiter geschnallt werden müssen, nehmen wir zu wenig Ballaststoffe auf. Ballaststoffe sind alles andere als Ballast für den Körper, sie sind Aktivatoren der Verdauung und helfen sogar dem Stoffwechsel, da sie den Cholesterinspiegel senken und die Blutzuckersteigerung verlangsamen. Viele Menschen leiden auch unter Durchfall, weil sie z. B. Milch nicht vertragen.

Dieses Buch zeigt Ihnen, wie Sie mit Genuss und Raffinesse Ihren Verdauungstrakt anturnen, Ihre Abwehrkraft steigern, sich gesund ernähren sowie einer Verstopfung (Obstipation), Darmträgheit und vielen anderen Krankheiten des Magen-Darm-Traktes natürlich vorbeugen können. Grundlagen einer solchen Ernährungsweise sind jedoch nicht trockene Bratlinge und Müsli zu allen Tageszeiten. Sie müssen sich auch nicht zum Kaninchen entwickeln.

Mit frischem Obst, leckeren Gemüsegerichten, aromatischen Vollkornprodukten ergänzt um lebende Brot- oder Milchsäurekulturen aus Joghurt, Milchzucker und Ballaststoffkonzentrate wie Oligofruktose oder Leinsamen machen Sie Ihre Speisen und Getränke zum Jungbrunnen – nicht nur für Ihren Darm. Lassen Sie neue Kreativität in Ihre Küche einziehen. Wir beweisen Ihnen, dass eine (darm)gesunde Ernährung Spaß macht und die Speisen köstlich schmecken. Lassen Sie sich von farbenfrohen, aromatischen und frischen Speisen und Getränken verführen. Viel Spaß beim Nachkochen und guten Appetit wünschen Ihnen

Christiane Weißenberger
Diätassistentin/Diabetesassistentin

Sven-David Müller-Nothmann
Diätassistent/Diabetesberater

Geleitwort

Liebe Leserin, lieber Leser,

Der gesamte Verdauungsapparat ist außerordentlich empfindlich und von vielen Krankheiten bedroht. Die Ernährungs- und Lebensweise nimmt Einfluss auf seine Funktion. Viele Millionen Menschen leiden an Krankheiten des Magen-Darm-Traktes. Die Häufigkeit der Obstipation (Verstopfung) wird in den westlichen Industrieländern altersabhängig mit bis zu 20 Prozent der Bevölkerung angegeben und beruht auf einer Funktionsstörung des Dickdarms. In jedem Falle müssen organische Ursachen in erster Linie durch den Gastroenterologen (Facharzt für Magen-Darm-Krankheiten) ausgeschlossen werden. Die Obstipation ist definiert als „weniger als drei Stuhlentleerungen pro Woche". Der erste Schritt zur Beseitigung des Problems Obstipation oder Darmträgheit sind ernährungsmedizinische Maßnahmen, welche im Wesentlichen aus richtiger ballaststoffreicher Kost und ausreichender Flüssigkeitszufuhr bestehen.

Häufig sind aber auch Sodbrennen, Refluxösophagitis, Magenschleimhautentzündung (Gastritis) und Durchfall sowie Morbus Crohn (chronische Entzündung des gesamten Darms), Colitis ulcerosa (chronische Entzündung des End- und Dickdarms), Zöliakie (Überempfindlichkeit gegen das in vielen Getreidesorten vorkommende Gluten, auch Sprue genannt) sowie Divertikel (Ausstülpungen im Darm).

Die Milchzuckerunverträglichkeit hat sich zu einer echten Volkskrankheit entwickelt und immer mehr Menschen leiden an Allergien und Unverträglichkeiten, die sich im Magen-Darm-Trakt manifestieren. Aktuelle Studien konnten sogar zeigen, dass eine Dysbiose – also ungesunde Darmflora – bei übergewichtigen Menschen häufiger ist als bei Normalgewichtigen.

Das vorliegende Buch „Ernährungsratgeber Magen und Darm" ist übersichtlich und für den Laien verständlich geschrieben. Es vermittelt den aktuellen Stand der Ernährungsphysiologie. Wichtigen allgemeinen ernährungsmedizinischen Empfehlungen folgen zahlreiche Rezepte, um Darmträgheit, Obstipation und andere Magenerkrankungen zu überwinden. Mit ihren 15 Tipps präsentieren die Autoren ein gelungenes Konzept, moderne Ernährungsphilosophie in die Praxis umzusetzen.

Prof. Dr. med. Hubertus Wietholtz
Internist und Gastroenterologe
(Facharzt für Magen- und Darmkrankheiten) am Klinikum Darmstadt

Einführung

Der lange Weg der Nahrung durch den Magen-Darm-Trakt

Nahrung muss in einen körpergerechten „Treibstoff" umgewandelt werden. Das geschieht im Verdauungstrakt, einem mit Schleimhaut ausgekleideten, etwa neun Meter langen Kanal, der vom Mund bis zum After reicht. Hier werden Mehrfachzucker (Kohlenhydrate) in einfachen Zucker, Eiweiße in Aminosäuren und Fette in Glyzerin und Fettsäuren umgewandelt.

Die Verdauung beginnt im Mund, wo die Nahrung mit den Zähnen grob zerkleinert und mit Speichel vermischt wird. Der Speisebrei gelangt dann über Rachen und Speiseröhre in den Magen. Hier beginnen hochkonzentrierte Salzsäure sowie eiweißspaltende Enzyme ihr Werk. Unter langsamen Walkbewegungen lösen sich die Nahrungsteile in millimetergroße Partikel auf.

Der fünf bis acht Meter lange Dünndarm ist der eigentliche Ort der Verdauung, an dem jetzt auch Bauchspeicheldrüse und Gallenblase beteiligt sind. Der Darm ist mit sogenannten Zotten *(Villi intestinales)* – finger- oder blattförmigen Schleimhautteilen – ausgekleidet. Dadurch wird die Fläche, auf der die Nahrungsbestandteile vom Darm in das Blut übergehen (Resorption), erheblich vergrößert (mind. 100 m^2). Über das Blut gelangen die molekülgroßen Nährstoffe in die Leber und werden dort weiterverarbeitet.

Die verbliebenen Bestandteile gelangen vom Dünndarm in den Dickdarm.

Die Hauptaufgabe des Dickdarms sind die Zerlegung unverdauter Fasern durch Bakterien, die Aufnahme von Wasser und Elektrolyten über die Schleimhaut ins Blut sowie die Aufbewahrung, der Transport und die kontrollierte Ausscheidung des Darminhaltes.

Zum Transport und zur Entleerung bewegt sich der Dickdarm. Die zur Entleerung führenden Massenbewegungen treten nur selten (drei- bis viermal täglich) im Tagesverlauf und in der Regel nach dem Essen auf. Dieser Effekt wird als gastrokolischer Reflex bezeichnet.

Die Massenbewegung befördert die Stuhlmenge eine größere Strecke voran. Als Folge der Massenbewegung tritt Stuhl in den Mastdarm über. Der eigentliche Entleerungsvorgang ist außerordentlich komplex. Die Dehnung der Wand des letzten Dickdarmabschnitts durch Ansammlung von Stuhl führt über Rezeptoren (Nerven) zu einem Völlegefühl und einem Entleerungsdrang. Bei Obstipierten ist dieser Reflex scheinbar vermindert.

Neue Forschungen zeigen eindeutig, dass der Reflex beim Gesunden abhängig von der Nahrungsmenge ist. Daher ist es sinnvoll, gut zu frühstücken, denn eine Kalorienmenge von 750 Kilokalorien übt einen stärkeren Druck auf die Darmbewegung aus als eine Kalorienmenge von nur 300 Kilokalorien.

Erkrankungen des Verdauungsapparats

Der Verdauungsapparat des Menschen beginnt mit dem Mund und endet mit dem Enddarm. Nach der Mundhöhle, in der die Verdauung der Kohlenhydrate beginnt, gelangt der Speisebrei oder das Getränk über die Speiseröhre in den Magen. Dieser dient vornehmlich als Reservoir. Außerdem übernimmt die Magensalzsäure die Vernichtung bestimmter Krankheitserreger und hilft Eiweiß besser zu verdauen.

In kleinen Portionen gibt der Magen den Speisebrei an den Dünndarm ab. Hier findet durch verschiedene Enzyme, die aus der Dünndarmschleimhaut oder der Bauchspeicheldrüse stammen, die eigentliche Verdauung statt. Die Gallenflüssigkeit, die ebenfalls in den Dünndarm abgegeben wird, ist wichtig für eine optimale Fettverdauung. Die kleinsten Bausteine der Nährstoffe werden dann nach der Verdauung über die Dünndarmschleimhaut ins Blut aufgenommen. Auch Vitamine, Mineralstoffe, Wasser und andere wichtige Nahrungsinhaltsstoffe werden vornehmlich über die Dünndarmschleimhaut aufgenommen. Danach gelangen die Überbleibsel – unverdauliche Nahrungsbestandteile wie Ballaststoffe und auch Bakterien in den Dickdarm. Hier findet die Eindickung statt und schließlich die Ausscheidung. Im Dickdarm befindet sich auch die Darmflora, die aus vielen Milliarden Bakterien besteht und insbesondere für die Abwehrkräfte des Körpers wichtig ist.

Der Verdauungsapparat ist außerordentlich empfindlich und von vielen Krankheiten bedroht. Die Ernährungs- und Lebensweise nimmt Einfluss auf seine Funktion. Viele Millionen Menschen leiden an Krankheiten des Magen-Darm-Traktes. Besonders häufig sind:

- Sodbrennen,
- Refluxösophagitis,
- Magenschleimhautentzündung (Gastritis),
- Durchfall und Verstopfung.

Aber auch Morbus Crohn (chronische Entzündung des gesamten Darms), Colitis ulcerosa (chronische Entzündung des End- und Dickdarms), Zöliakie (Überempfindlichkeit gegen das in vielen Getreidesorten vorkommende Gluten, auch Sprue genannt) sowie Divertikel (Ausstülpungen im Darm) entwickeln sich zu häufigen Erkrankungen.

Fast alle Menschen in Deutschland haben eine ungesunde Darmflora und sind daher relativ abwehrschwach und vor bestimmten Magen-Darm-Erkrankungen nicht ausreichend geschützt.

Die Milchzuckerunverträglichkeit hat sich zu einer echten Volkskrankheit entwickelt und immer mehr Menschen leiden an Allergien und Unverträglichkeiten, die sich im Magen-Darm-Trakt manifestieren. Aktuelle Studien konnten sogar zeigen, dass eine Dysbiose – also ungesunde Darmflora mit geduldeten oder körperfremden Bakterienarten – bei übergewichtigen Menschen häufiger ist als bei Normalgewichtigen.

Erkrankungen von Mund und Speiseröhre

Hefepilze und eingerissene Mundwinkel

Im Mundraum beginnt die Verdauung, und schon hier können Erkrankungen schmerzhaft sein. Die durch Hefepilze

(Candida) hervorgerufene Krankheit Soor kann auch den Mundraum betreffen. Der Pilzbefall muss in jedem Fall ärztlich behandelt werden. Es sollte zudem eine spezielle Diät – zuckerfrei und ballaststoffreich – eingehalten werden.

Einrissen in den Mundwinkeln (Rhagaden) liegt oft ein Eisenmangel zugrunde. Außerdem leiden viele Patienten mit solchen Erscheinungen unter einem Vitamin-B12-Mangel (Cobalamin-Mangel). Vitamin- und Mineralstoffmangelzustände, die zu solchen oder anderen Beschwerden führen, können nicht durch eine Ernährungsumstellung ausgeglichen werden. Hier ist vielmehr die Einnahme von Nahrungsergänzungsmitteln erforderlich. Das sollte zuvor mit dem Arzt und dem Diätassistenten genau besprochen werden. Eisenmangel ist auch bei chronisch-entzündlichen Darmerkrankungen – insbesondere Colitis ulcerosa – häufig.

Sodbrennen und Refluxösophagitis

Nach dem Mundraum gelangt der Speisebrei über die Speiseröhre (Ösophagus) in den Magen, der von der Speiseröhre durch einen Schließmuskel abgetrennt ist. Die Speiseröhre ist im Gegensatz zum Magen nicht gegen die Magensalzsäure geschützt. Daher ist es auch unangenehm, wenn Mageninhalt in die Speiseröhre gelangt. Wir kennen das alle als Sodbrennen – z. B. nach einer durchzechten Nacht.

Wenn die Beschwerden dauerhaft anhalten, spricht der Arzt von Refluxösophagitis. In diesem Fall hat sich durch den in die Speiseröhre gelangenden Mageninhalt – samt Magenflüssigkeit – die Schleimhaut der Speiseröhre entzündet, was oft sehr schmerzhaft ist. Das Wort Reflux steht für Rückfluss, und Worte, die in der Medizin auf „-itis" enden, bedeuten Entzündung.

Gründe für den Rückfluss des Magensaftes sind vielfältig. In der Regel ist der Verschluss (Schließmuskel), der die Speiseröhre vom Magen trennt, nicht ausreichend kräftig. Viele Patienten mit Refluxösophagitis leiden auch unter einer Hiatushernie, einem krankhaftem Durchtritt von Anteilen des Magens durch das Zwerchfell. Nur zehn Prozent der betroffenen Patienten haben dadurch wahrnehmbare Beschwerden.

Schmerzen hinter dem Brustbein, die auch für Herz-Gefäß-Krankheiten stehen können, sollten also in jedem Falle vom Facharzt für Magen-Darm-Krankheiten (Gastroenterologe) abgeklärt werden.

In Deutschland leiden rund 20 Prozent der Bevölkerung an Refluxösophagitis. Durch die ständige Entzündung kommt es aber nicht nur zu Schmerzen, sondern die Speiseröhre wird auch stark geschädigt. Es kann sogar zu Krebs führen. Häufig sind Blutungen, Schmerzen und Geschwüre. Die Refluxösophagitis ist eine ernstzunehmende Erkrankung. Husten und Heiserkeit können Anzeichen einer Reflux-Krankheit sein. Daher ist die Behandlung von anhaltendem Sodbrennen grundsätzlich notwendig.

Therapie einer Refluxösophagitis

Der Arzt verordnet in der Regel eine medikamentöse Therapie, die das Ziel hat, die Produktion von Magensalzsäure zu hemmen oder die bereits produzierte Magensalzsäure „unschädlich" zu machen. Dafür verordnet der Arzt H_2-Rezeptorblocker und Protonenpumpenhemmer (z. B. Omeprazol). So genannte Antazida können als Akuttherapie verordnet werden, sind jedoch für die Dauertherapie ungeeignet. In der Regel sollte auch eine Ernährungsumstellung erfolgen.

Die Beschwerden sind grundsätzlich im Liegen häufiger, da der Rückfluss von Mageninhalt in dieser Position besonders leicht ist. Daher sollten Betroffene auch nicht kurz vor dem Schlafengehen essen und das Kopfteil höher lagern. Das ist durch mehrere Kopfkissen oder eine Einstellung des Lattengitterrostes unter der Matratze möglich.

Auch enge Kleidung führt oftmals zu Beschwerden, da der Druck im Oberbauchraum dadurch ansteigen kann. Vor diesem Hintergrund ist auch Übergewicht negativ. Patienten, die unter Refluxösophagitis leiden, sollten langsam aber dauerhaft ihr Gewicht abbauen. 80 Prozent der Patienten sind übergewichtig.

Auch Bücken oder Heben kann den Verschluss zwischen Magen und Speiseröhre beeinflussen und Sodbrennen auslösen.

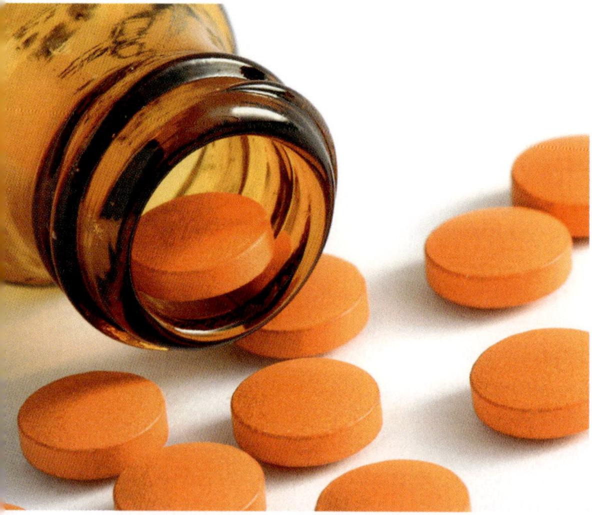

Ebenso hat Nikotin einen Einfluss auf den Reflux. Daher sollten Patienten, die darunter leiden, nicht rauchen.

Volkskrankheit Gastritis

Der Magen selbst ist gegen den Einfluss der Magensalzsäure durch eine Schleimhaut bestens geschützt. Trotzdem leiden viele Menschen unter einer Magenschleimhautenzündung (Gastritis). Es gibt akute und chronische Magenschleimhautentzündungen.

Akute Gastritis

Eine **akute** Gastritis ist in der Regel auf Alkoholmissbrauch, Medikamente oder Vergiftungen (Toxine oder Mikroorganismen) zurückzuführen. Sie macht sich mit folgenden Beschwerden bemerkbar: Appetitlosigkeit, Übelkeit, Erbrechen, Druckgefühl und Schmerzen im Oberbauch.

In diesen Fällen verordnet der Arzt eine so genannte Teepause. Das bedeutet, dass der Patient ein bis drei Tage nur mit Traubenzucker gesüßten dünnen Schwarztee trinkt. Kamillentee oder Pfefferminztee kann den Magen reizen. Auch Früchtetee ist in solchen Situationen ungeeignet. Das Wichtigste ist, die auslösenden Stoffe (z. B. Alkohol) wegzulassen. Abhängig von der Schwere der Entzündung werden auch Medikamente verordnet, so genannte Antazida, die die Magensäure neutralisieren, und solche, die die Produktion von Magensäure verringern. Wird die akute Gastritis nicht ausreichend behandelt, können sich Magengeschwüre ausbilden.

Chronische Gastritis

Es gibt verschiedene Formen der **chronischen** Gastritis. In der Mehrzahl der Fälle bestehen keine Beschwerden. Ansonsten berichten Patienten meist über unspezifische Symptome wie Bauchschmerzen, Unwohlsein, Übelkeit, Völlegefühl nach dem Essen, Blähungen. Bei vielen Patienten sind die Schmerzen schlimmer, wenn sie nichts gegessen haben (Nüchternschmerz).

Die chronische Form ist entweder eine autoimmune Gastritis (A-Gastritis, der Körper bildet gegen eigene Zellen Antikörper), eine chemische Gastritis (C-Gastritis, z. B. Reizung durch chemische Stoffe wie Alkohol oder Nikotin) oder – in ca. 85 Prozent der Fälle – eine bakterielle Gastritis (B-Gastritis), die auf bestimmte Mikroorganismen zurückzuführen ist. Eine Infektion mit dem Bakterium Helicobacter pylori führt bei vielen Menschen zur Gastritis.

Die Ursachen sind also sehr verschieden; Rauchen, Stress oder Fehlernährung sind praktisch nie alleiniger Grund für eine chronische Gastritis. Aber natürlich sind Rauchen oder Alkoholkonsum bei Magenschleimhautentzündungen nicht förderlich.

Eine chronische Magenschleimhautentzündung ist diätetisch nicht zu beeinflussen! Es ist nicht sinnvoll, wenn der Patient auf bestimmte Speisen verzichtet. Vielmehr muss die Behandlung medikamentös erfolgen. Die Therapie ist je nach Gastritisform unterschiedlich, da sie verschiedene Ursachen haben. Bei der A-Gastritis muss z. B. lebenslang Vitamin B12 eingenommen werden, bei der B-Gastritis werden neben die Magensäure hemmenden Medikamenten auch Antibiotika gegen Helicobacter pylori verordnet. Die C-Gastritis wird mit Medikamenten therapiert, die die Magenbeweglichkeit fördern, und solchen, die die Magensäure binden (Antazida).

Diabetesbedingte Magen-Darm-Störungen

Die chronische Stoffwechselerkrankung Diabetes mellitus kann zu vielfältigen Störungen führen. Diese betreffen aber nicht nur die Augen und die Nieren, son-

dern auch den Magen-Darm-Trakt. Bei Diabetikern sind Verstopfung, Durchfall und Magenentleerungsstörungen sehr häufig. Das ist auf die Schädigung des autonomen Nervensystems durch zu hohe Blutzuckerwerte zurückzuführen. Während diabetesbedingte Nervenschäden, die sich im Kribbeln oder Taubheitsgefühl in den Beinen und Füßen ausdrücken, bei vielen Diabetikern bekannt sind, sind die Schädigungen des Magen-Darm-Traktes weitgehend unbekannt. Besonders häufig ist die sogenannte diabetische Gastroparese, also eine Magenentleerungsstörung, die auch für sonst praktisch nicht erklärbare Blutzuckerschwankungen bei Diabetikern verantwortlich sein kann. Der Facharzt für Magen-Darm-Erkrankungen ist der richtige Ansprechpartner für solche Erkrankungen. Bei diabetischer Gastroparese ist es wichtig, dass vor jeder Mahlzeit ein Glas Obstsaft getrunken wird.

Erkrankungen des Dünndarms

Bei einer Entzündung der Dünndarmschleimhaut (Duodenitis) und einer Geschwürkrankheit des Dünndarms (Ulcus duodeni) ist ebenfalls eine diätetische Therapie nicht möglich. Der Dünndarm, der sich an den Magen anschließt, dient der tatsächlichen Verdauung des Speisebreis. Das Milieu im Dünndarm ist durch die Vermischung mit Bauchspeichel alkalisch, während der Magenbrei sauer ist.

Im Dünndarm gibt es viele Krankheiten, die eine Veränderung der Ernährung nach sich ziehen. Dazu gehören

insbesondere die chronisch-entzündliche Darmerkrankung Morbus Crohn, die Getreideeiweiß-Unverträglichkeit Sprue bzw. Zöliakie sowie die Milchzuckerunverträglichkeit. Viele Krankheiten, die schließlich zum Durchfall führen, beginnen im Dünndarm.

Bei Geschwüren des Magens und Dünndarms sollten alkoholische Getränke (insbesondere Wein und Bier), Kochsalz in großen Mengen, starker Kaffee und Schwarztee sowie Milch gemieden werden. Ballaststoffe werden in der Regel sehr gut vertragen. Die letzte Abendmahlzeit sollte früh erfolgen.

Chronisch-entzündliche Darmerkrankungen

Morbus Crohn und Colitis ulcerosa sind die häufigsten chronisch-entzündlichen Darmerkrankungen (CED). Sie manifestieren sich meist in der Jugend oder dem frühen Erwachsenenalter (20. bis 40. Lebensjahr). Beide Erkrankungen sind nicht heilbar, und es gibt Mischformen beider Erkrankungen.

Eine kausale Ursache für den Morbus Crohn oder die Colitis ulcerosa ist nicht bekannt. Die Erkrankungen sind multifaktoriell bedingt. Als Ursachen werden u. a. vermutet:

- genetische Prädisposition (familiäre Häufung!),
- Ernährungsfaktoren (Western Diet = westliche Ernährungsweise),
- Umwelteinflüsse,
- autoimmune Reaktionen,
- Allergien gegen Nahrungsinhaltsstoffe,
- Infektion durch Bakterien oder Viren,
- Noxen (wie z. B. Nikotin),
- psychische Faktoren.

Ungesunde Ernährung – Ursache der CED?

Chronisch-entzündliche Darmerkrankungen werden weltweit beobachtet, sie unterscheiden sich jedoch erheblich in ihrer Inzidenzrate. Beide Erkrankungen werden in den vergangenen Jahren zunehmend diagnostiziert. Insbesondere die Häufigkeit des Morbus Crohn nimmt insgesamt zu.

Die Häufigkeitsrate für Morbus Crohn und Colitis ulcerosa ist in Nordeuropa deutlich höher im Vergleich zu Südeuropa. Ein ähnliches Nord-Süd-Gefälle findet sich auch in Amerika, wo die Erkrankungen in den entwickelten nordamerikanischen Gebieten (z. B. den USA) häufiger sind als in den weniger entwickelten südamerikanischen. Da die Ernährungsweise ebenfalls ein Nord-Süd-Gefälle aufweist, gab und gibt es immer Gedankenansätze bezüglich einer Ernährungskomponente in der Entstehung der chronisch-entzündlichen Darmerkrankungen. Bisher sind Ernährungsfaktoren in der Auslösung der Erkrankungen Morbus Crohn und Colitis ulcerosa wissenschaftlich nicht eindeutig gesichert. Das Nord-Süd-Gefälle lässt vermuten, dass eine verminderte Zufuhr von Ballaststoffen und eine vermehrte Aufnahme von Zucker und zuckerhaltigen Nahrungsmitteln sowie Fetten (insbesondere gehärtetes Fett sowie erhitztes Fett) an der Krankheitsentstehung ursächlich beteiligt sein könnten.

Tatsächlich konnte beim Morbus Crohn, nicht hingegen bei der Colitis ulcerosa, ein im Vergleich zu Gesunden gesteigerter Verzehr von Zucker und zuckerhaltigen Speisen nachgewiesen werden, während sich nur in einem Teil der Studien eine erniedrigte Aufnahme von

Ballaststoffen zeigte. Diskutiert wird ferner die potentiell krankheitsauslösende Rolle von Transfettsäuren und von Bäckerhefe (Saccharomyces serevisiae) sowie ein erhöhtes Erkrankungsrisiko von Personen, die nicht gestillt wurden.

Bei Patienten mit Colitis ulcerosa gibt es weit weniger Hinweise auf einen Zusammenhang zwischen Ernährungsfaktoren und Auslösung der Erkrankung. Obwohl bei Morbus-Crohn-Patienten eine vermehrte Zufuhr von Zuckerhaltigem vor als auch nach Ausbruch der Erkrankung festgestellt wurde, ist deren ursächliche oder krankheitsverschlimmernde Bedeutung nicht belegt. Die Ballaststoffzufuhr bei Crohn-Patienten ist teils normal, teils reduziert.

Was ist Morbus Crohn?

Morbus Crohn ist eine Entzündung aller Wandschichten des gesamten Magen-Darm-Traktes (vom Mund bis zum Anus). Am häufigsten finden sich entzündete Darmareale am Ende des Dünndarms und am Beginn des Kolons, typisch ist jedoch ein segmentaler, diskontinierlicher Befall (so genannte „skip lesions“): Zwischen entzündeten Bereichen finden sich also gesunde, unveränderte. Die Krankheit verläuft chronisch in Schüben.

Die Symptomatik, der Verlauf und die Komplikationen der Erkrankung sind variabel. Die Kardinalsymptome sind rezidivierende krampfartige Beschwerden, die vor allem im rechten Unterbauch (wie bei einer Blinddarmentzündung – Appendizitis) vorkommen, massive oftmals schleimige und seltener blutbehaftete Durchfälle und Gewichtsverlust sowie Untergewicht und Mangelernährung.

Im Verlauf der Erkrankung entwickeln sich in Abhängigkeit von der Schwere des Krankheitsverlaufs und der Lokalisation der Läsionen Zeichen der isolierten

Morbus Crohn und Colitis ulcerosa – Unterscheidungskriterien

Colitis ulcerosa	**Morbus Crohn**
kontinuierliche Entzündung	diskontinuierliche Entzündung („skip-Lesions“)
nur Dickdarmbefall (Ausnahme „backwash-ileitis“), breitet sich in Richtung Dünndarm aus	gesamter Gastrointestinaltrakt (besonders terminales Ileum, Kolon)
Entzündung der oberflächlichen Schleimhaut	Entzündung aller Schleimhautschichten
Fisteln untypisch	Fisteln typisch (40–50 % der Fälle)
Leitsymptom: blutige Diarrhö	Leitsymptom: Schmerzen im rechten Unterbauch, nichtblutige Diarrhö
Abszedierung selten	Abszedierung häufig
Kryptenabszesse typisch, Granulome fehlen	Stenosen (Darmverengung) häufig, Kryptenabszesse untypisch, Granulome häufig
Aphthen untypisch	Aphthen häufig (auch in der Mundschleimhaut)
primär sklerosierende Cholangitis (Entzündung der Gallengänge) in einem Teil der Fälle	primär sklerosierende Cholangitis selten

oder der generalisierten Mangelernährung. Ursache dafür ist z. B. eine Resorptionsstörung aufgrund der Entzündung.

Was ist Colitis ulcerosa?

Die Colitis ulcerosa ist eine chronisch-entzündliche Dickdarmerkrankung, die im Rektum beginnt und sich von dort kontinuierlich Richtung Dünndarm ausbreitet. Es sind nur die oberflächlichen Schleimhautschichten der Darmwand betroffen.

Das Leitsymptom sind blutig-schleimige Durchfälle. Daneben treten Bauchschmerzen mit evtl. krampfhaftem Stuhldrang und subfebrilen Temperaturen auf.

Bei der Colitis ulcerosa kann es zu Mangelerscheinungen kommen. Auch wenn die Entzündung bei Colitis ulcerosa immer auf den Dickdarm beschränkt ist, werden bei starken Durchfällen viele Nährstoffe nicht im Dünndarm resorbiert. Mängel können daher im Schub sehr ausgeprägt sein.

Behandlung der Darmflora als Therapie von Colitis ulcerosa und Morbus Crohn

Eine große Bedeutung haben die Bakterien, die unseren Darm als sogenannte Darmflora besiedeln. Der Magen-Darm-Trakt ist von einer unvorstellbar großen Anzahl von Mikroorganismen besiedelt und beträgt rund 100 Billionen Bakterien (100.000.000.000.000). Die meisten davon sind Bakterien, die mit anderen Kleinstlebewesen die Darmflora bilden. Die höchste Konzentration findet sich im Dickdarm. Diese Darmflora ist jedoch nicht etwa schädlich, sondern außerordentlich wichtig und gesundheitsförderlich.

Die größte Oberfläche des menschlichen Organismus ist nicht etwa die Haut, sondern die Oberfläche des Magen-Darm-Traktes, die mit rund 200 Quadratmetern ungefähr so groß ist, wie ein Tennisfeld. Sofort nach der Geburt werden alle Köroberflächen des Neugeborenen, natürlich auch der Magen-Darm-Trakt, mit Bakterien und anderen Kleinstlebewesen besiedelt. Die Bakterien bilden dort eine Lebensgemeinschaft, innerhalb derer sich die verschiedenen Arten im Gleichgewicht befinden. Krankmachende Bakterien können dieses Gleichgewicht stören, gesundheitsförderliche Bakterien tragen dazu bei, es zu erhalten. Die Schleimhaut des Magen-Darm-Traktes muss den Organismus vor dem Eindringen von schädigenden Substanzen schützen.

Die Darmflora ist keine leblose Masse, sondern lebendig. Sie ist wichtig für eine gute Abwehrsituation des Körpers und sie ist ein wichtiger Bestandteil des Immunsystems. Die Darmflora ist aber auch wichtig für die Ernährung des Dickdarms, denn die Darmflora lebt von Ballaststoffen, die wir nicht verdauen können. Die Mikroorganismen aber können Ballaststoffe verwerten. Als Stoffwechselendprodukt fallen unter anderem kurzkettige Fettsäuren an, die die Darmschleimhaut als Substrat nutzen kann. Spezielle Ballaststoffe, die auch die Darmflora ernähren, werden als Präbiotika bezeichnet. Sehr viele Studien weisen dem Ballaststoff Oligofruktose positive Wirkungen zu.

Bei der Entstehung von Morbus Crohn und Colitis ulcerosa spielt auch das Immunsystem eine wichtige Rolle. Die stärksten entzündlichen Veränderungen finden sich bei Morbus Crohn und

Colitis ulcerosa an Orten mit hoher Konzentration krankmachender Keime (pathogene Mikroorganismen). Dabei scheint die natürliche Toleranz des Darmimmunsystems gegenüber den normalen Darmmikroorganismen verloren gegangen zu sein. Überschießende Immunreaktionen, die sich unter anderem auch gegen das eigene Darmgewebe richten, sind die Folge. Verschiedene Studien kommen zum Ergebnis, dass Veränderungen der Darmflora an der Entstehung der Erkrankungen ursächlich beteiligt sind. Die chronisch-entzündlichen Darmerkrankungen betreffen hauptsächlich den Dickdarm. Hier ist die höchste Bakterienkonzentration, denn der Stuhl besteht zu rund 50 Prozent aus Bakterien. Bestimmte Mikroorganismen befinden sich bei Morbus Crohn und Colitis ulcerosa vermehrt im Darm. Bestimmte krankmachende Keime werden bei Menschen, die unter chronisch-entzündlichen Darmerkrankungen leiden, häufiger gefunden als bei Gesunden. Die bei CED veränderte Darmflora produziert außerdem weniger Substrat für die Zellen der Darmschleimhaut. In Studien zeigte sich, dass die Zufuhr von bestimmten Mikroorganismen als Arzneimittel die Darmflora verbessert und ein erfolgreicher Therapieansatz bei chronisch-entzündlichen Darmerkrankungen darstellt. Ein solcher spezieller gesundheitsförderlicher Bakterienstamm wurde vom Freiburger Hygieniker Prof. Dr. med. Alfred Nissle entdeckt. Escherichia-coli-Bakterien des von Professor Nissle entdeckten Stammes (E. coli Stamm Nissle 1917) haben die Fähigkeit, andere krankmachende Mikroorganismen abzuwehren. Sie können sich an der Darmschleimhaut anhaften und über längere Zeit ansiedeln. Sie schützen den Körper vor krankmachenden Eindringlingen und bilden die für die Ernährung der Darmschleimhautzellen und die Durchblutung der Darmwand so wichtige kurzkettige Karbonsäure. Nicht zuletzt haben die probiotischen (pro = für, bios = das Leben) E.-coli-Bakterien eine anregende Wirkung auf bestimmte Zellen des Immunsystems und machen dadurch abwehrstark.

Bereits 1918 berichtete Prof. Dr. med. Alfred Nissle erstmals über die erfolgreiche Anwendung bei einer Patientin mit Colitis ulcerosa. In aktuellen Studien zeigte sich, dass die Therapie mit dem E.-coli-Stamm Nissle 1917 der Therapie mit Mesalazin in der Wirksamkeit gleichwertig ist.

Viel sinnvoller ist es jedoch, die Probiotika in Form von Arzneimitteln zusätzlich zur medikamentösen Therapie einzunehmen und den Effekt noch zu verbessern. Patienten, die die medikamentöse Therapie nicht vertragen, haben mit E.-coli-Stamm Nissle 1917 eine Alternative in der Therapie. Die probiotischen Bakterien können dazu beitragen, dass es bei Colitis ulcerosa und Morbus Crohn häufigere längere Phasen ohne oder mit wenig Beschwerden gibt. Die Behandlung mit Escherichia-coli-Stamm Nissle 1917 ist bei Colitis ulcerosa und Morbus Crohn gut verträglich. Diese Probiotika sollten im akuten Entzündungsschub als auch im symptomfreien Intervall Therapiebestandteil sein. Sinnvoll bei chronisch-entzündlichen Darmerkrankungen ist auch der tägliche Konsum von Brottrunk.

Durchfall

Von Durchfall spricht der Arzt, wenn es zu mehr als drei flüssigen Stuhlentleerungen am Tag kommt. Häufig sind Unverträglichkeiten und Allergien der Auslöser für einen Durchfall. Grundsätzlich sollte immer der Arzt aufgesucht werden, wenn der Durchfall länger als zwei bis drei Tage andauert.

Bei kleinen Kindern ist Durchfall sehr gefährlich, da über den Durchfall auch große Mengen Flüssigkeit und lebenswichtige Mineralstoffe verloren gehen. Durchfall kann auch durch verdorbene Lebensmittel und die Einnahme von Antibiotika ausgelöst werden.

Grundsätzlich sollte nach einer Durchfallerkrankung und auch der Einnahme von Antibiotika die Darmflora durch Probiotika wieder aufgeforstet werden. Ideal ist es, wenn neben Probiotika auch Präbiotika eingenommen werden, z. B. eine Kombination aus Brottrunk und Oligofruktose. Menschen, die unter Durchfall leiden, sollten den Facharzt für Magen-Darm-Erkrankungen (Gastroenterologe) aufsuchen.

In Abhängigkeit von der Ursache kann eine Diarrhö auf eine Ernährungstherapie anspringen oder nicht. Einer diätetischen Therapie sind Formen der Diarrhö, die in direktem Zusammenhang mit der Ernährung stehen, zugänglich. Das ist z. B. bei einer Milchzuckerunverträglichkeit, einem Fettstuhl oder einer Diarrhö wegen Sorbit-Konsum der Fall.

Manche Menschen können Fett nicht richtig verdauen und scheiden dieses dann über den Stuhlgang aus. Es kommt bei ihnen zu einer **fettbedingten** Diarrhö, die der Arzt als Steatorrhoe (Fettstuhl) bezeichnet. Die Therapie ist relativ einfach. Einerseits verordnet der der Arzt das fettspaltende Enzym Lipase und andererseits wird die Zufuhr an herkömmlichen Nahrungsfetten reduziert.

Viele Menschen können sogenannten Diabetikerzucker und damit hergestellte Lebensmittel schlecht vertragen und reagieren darauf mit Durchfall. Die Therapie besteht in einer Reduktion oder Meidung von Sorbit, Xylit, Mannit, Lactit und anderen Zuckeralkoholen, die zu einer Diarrhö führen können.

Wenn Getreide Probleme macht

In Deutschland leiden immer mehr Menschen an Getreideeiweißunvertäglichkeit. Die Zahl der Menschen, die bestimmte Getreide nicht verträgt, nimmt zu! Während Mediziner die Zahl der Zöliakie-Patienten auf 0,1 Prozent der Bevölkerung schätzten, ist heute davon auszugehen, dass mindestens 0,5 Prozent der Bevölkerung unter einer mehr oder minder ausgeprägten Form der Zöliakie leiden.

Bei Zöliakie und einheimischer Sprue reagiert die Dünndarmschleimhaut mit einer Unverträglichkeitsreaktion auf das Getreideeiweiß Gluten. Die Zotten atrophieren (bilden sich zurück), wenn sie mit den Getreideeiweißen aus Roggen, Weizen, Gerste, Grünkern und Dinkel in Kontakt kommen. Die Resorptionsleistung nimmt mit dem Atrophieren der Dünndarmzotten ab. Nähr- und Wirkstoffe werden folglich vermindert resorbiert und mit dem Stuhl ausgeschieden. Schwere Verdauungsstörungen, breiige bis wässrige, übelriechende, oft schaumig, fettige Stühle sowie Blähungen, Übelkeit, Appetitlosigkeit und ein aufgetriebener Leib sind die Folge. Außerdem leiden sie oftmals an Unterernährung. Abmagerung und Nähr-/Wirkstoffmängel (z. B. Kalzium, Kalium, Magnesium, Eisen, Vitamin A, D, E, K und B) treten erst mit weiterem Fortschreiten der Erkrankung auf. Bleibt die Getreideeiweißunverträglichkeit unbehandelt, kommt es bei Kindern zur Wachstumsretardierung und psychischen Veränderungen, beim Erwachsenen zu massiver Ausgezehrtheit (Kachexie) und Mangelerscheinungen.

Die Therapie der Zöliakie besteht in einer lebenslangen konsequenten Meidung der auslösenden Getreideeiweiße. Diese Proteine befinden sich in Weizen, Roggen, Dinkel, Gerste, Grünkern sowie verwandten Getreidearten und Urkornarten (z. B. Kamut und Einkorn) sowie Tritikale (Kreuzung aus Roggen und Weizen). Spontanheilungen sind extrem selten. Die Symptomatik und Folgekomplikationen entwickeln sich unter glutenfreier Kost meist nach wenigen Tagen (bis zwei Wochen) zurück.

Unter der Einhaltung einer glutenfreien Kost kommt es zur Rekonstitution der Zotten. Damit werden alle Nähr- und Wirkstoffe in normalem Umfang resorbiert. Durchfälle und sonstige Symptome klingen ab. Dennoch werden glutenfreie Lebensmittel nicht von den Krankenkassen erstattet.

Seit Jahrzehnten ist bekannt, dass Zöliakie-Patienten ein erhöhtes Krebsrisiko aufweisen. Das Risiko steigt in Abhängigkeit von der Belastung mit den krankmachenden Getreideeiweißen. Diätfehler oder eine Nachlässigkeit in der Durchführung der Diät haben also schwere Spätfolgen, die Patienten unbedingt vermeiden sollten.

Wenn Milch Probleme macht

Viele Millionen Menschen in Deutschland können Milchzucker (Laktose) nicht vertragen. Sie reagieren z. B. auf den Genuss von Milch mit Bauchschmerzen, Unwohlsein, Blähungen und Durchfall.

Milchzucker ist ein Zweifachzucker, der vom Enzym Laktase in seine Bausteine Schleimzucker (Galaktose) und Traubenzucker (Glukose) gespalten werden muss. Die Laktase wird in der Dünndarmschleim gebildet. Bildet die Schleimhaut zu wenig oder inaktive Laktase, kann der Milchzucker nicht aufgespalten werden. Er gelangt unverdaut in den Dickdarm und sorgt hier für Beschwerden. Er zieht Wasser in den Dickdarm, und das führt zu Durchfall. Außerdem „verdauen" Bakterien der Darmflora den Milchzucker, was den Durchfall noch verstärkt und zu unangenehmen Blähungen führt.

Die Milchzuckerunverträglichkeit darf nicht mit einer Allergie verwechselt werden. Eine Allergie gegen Milchzucker gibt es nicht. Allergien können vielmehr Milcheiweiße auslösen.

Die Therapie der Milchzuckerunverträglichkeit besteht in der Meidung des Milchzuckers und der Gabe von Laktase. Solche Präparate gibt es heute preiswert in jeder Drogerie oder dem Reformhaus.

Tipp: Da viele Lebensmittelprodukte Milchzucker enthalten, sollten Betroffene immer das Zutatenverzeichnis auf einen möglichen Laktosegehalt hin überprüfen.

Volkskrankheiten Darmträgheit und Verstopfung

Dass Essen und Trinken in direktem Zusammenhang zur Funktion des Magen-Darm-Traktes stehen, ist logisch. Eine Fehlernährung kann zu Darmträgheit und sogar Verstopfung führen. Aber die Verstopfung kann auch andere Ursachen haben. In jedem Falle lässt sich die Funktion des Magen-Darm-Traktes durch eine optimierte Ernährungsweise, Bewegung, Stuhltraining und Stressmanagement sowie ausreichende Flüssigkeitsaufnahme regulieren.

Bei Obstipation, wie Mediziner die Verstopfung nennen, ist die Tätigkeit des Dickdarms (Kolon) und des Mastdarms (Rektum) gestört. Es gibt eine akute Verstopfung – z. B. im Urlaub häufig – und eine chronische Verstopfung, die oftmals auf Abführmittelmissbrauch zurückzuführen ist.

Die Obstipation ist die häufigste Funktionsstörung des Dickdarms mit unzureichender und zu seltener Stuhlentleerung. Etwa 30 Prozent der Bevölkerung, davon sind 80 bis 90 Prozent Frauen, in Deutschland leiden unter Obstipation.

Noch viel häufiger als die Obstipation ist jedoch die Darmträgheit. Fast jeder Mensch leidet im Laufe seines Lebens darunter. Organische Ursachen dafür sind eher selten. In den meisten Fällen wirken psychische Fehlhaltungen, ballaststoffarme Ernährung und die Einnahme von Abführmitteln, der Mediziner nennt diese Arzneimittelgruppe Laxantien, auslösend.

Jeder dritte Bundesbürger klagt gelegentlich über Probleme mit seiner Verdauung. Schätzungsweise 9 Millionen Deutsche nehmen Abführmittel unterschiedlichster Art, und das oft jahrelang. Möglicherweise liegt aber die Zahl derer, die regelmäßig zu solchen „Transporthelfern" greifen, noch erheblich höher.

Die Verstopfung kann aber durch Hindernisse im Dickdarm, wie z. B. Tumoren oder Engstellen nach Entzündungen hervorgerufen werden. Prinzipiell kommt jede Verstopfung durch eine zu langsame Passage des Stuhlbreis als Folge ungenügender Füllung des Darmes und fehlenden Dehnungsreizes auf die Darmwand oder durch einen gestörten Entleerungsreiz – oder beides – zustande. Im Alter lässt die Darmbewegung bei allen Menschen nach. Dies erklärt die Häufigkeit der Obstipation bei Senioren. Auch ständiges Unterdrücken des Stuhldranges spielt als Ursache eine bedeutende Rolle.

Ballaststoffe, das sind weitgehend unverdauliche Nahrungsbestandteile, regen die Darmtätigkeit an, da sie ein hohes Wasserbindungsvermögen besitzen. Dadurch entsteht ein größeres Stuhlvolumen im Darm, das über die Anregung von Kontraktionen, der Darmbewegung, zu einer kürzeren Passagezeit führt.

Übergewicht und Darmträgheit

Viele Menschen, die unter einem trägen Darm leiden, sind übergewichtig. Das liegt nicht daran, dass eine Verstopfung dick macht, auch wenn das viele Menschen denken. Insbesondere jüngere Frauen nutzen leider Abführmittel, um das Gewicht zu regulieren. Dabei wirken diese chemischen Substanzen erst im Dickdarm und die hier anlangenden Nahrungsbestandteile sind bereits ausgewertet. Energie aus Kohlenhydraten, Ei-

weißen und Fetten werden bereits im weit davorliegenden Dünndarm aufgenommen. Durch Abführmittel kann man kein Fettgewebe reduzieren. Auch wiegt der im Darm vorhandene Stuhlbrei weit weniger, als viele Menschen denken. Nach einer normalen Stuhlentleerung landen etwa 100 bis maximal 150 Gramm in der Toilette.

Wann liegt eine Verstopfung vor?

Bei Verstopfung (Obstipation) ist die Tätigkeit des Dickdarms und des Mastdarms gestört. Der Mediziner spricht von einer Verstopfung, wenn pro Woche seltener als dreimal eine Stuhlentleerung, die erschwert, unregelmäßig und oftmals unvollständig ist, erfolgt. Die Stuhlentleerung geht bei Menschen, die unter Verstopfung leiden, oftmals mit einer Missempfindung einher. Um eine ernsthafte organische Grundkrankheit auszuschließen, muss bei jeder länger andauernden Verstopfung eine sorgfältige Untersuchung erfolgen.

Der Grund für diese, medizinisch gesehen, höchst alarmierenden Zahlen beruht sicher nicht zuletzt auf der mangelnden Information der Bevölkerung. Denn nach allgemein verbreiteter Ansicht ist ein Mensch nur dann gesund, wenn er täglich Stuhlgang hat. Manch einer, bei dem das nicht der Fall ist, stellt dann ruckzuck die Eigendiagnose: Verstopfung! Und als vermeintlich notwendige Therapie verordnet er sich auch gleich in höchst eigener Entscheidung Abführmittel!

Obstipation = unregelmäßige Stuhlentleerung, kleines Stuhlvolumen, fester oder zu fester Stuhl, Gefühl der unvollständigen Entleerung, starkes Pressen und/ oder weniger als dreimal wöchentlich

Sehr viele Leute wissen eben nicht, dass eine Stuhlentleerung im 2-Tage-Rhythmus, besonders in Anbetracht unserer heutigen Ernährungs- und Lebensgewohnheiten, durchaus üblich und absolut normal ist und keinesfalls das Einnehmen von Laxantien (Abführmitteln) rechtfertigt. Aufgrund mangelnden Wissens wird so häufig eine dauernde Selbstbehandlung mit Abführmitteln durchgeführt, meist ohne vorherige Konsultation eines Arztes. Unterstützt wird diese weitverbreitete Angewohnheit noch dadurch, dass Abführmittel leicht erhältlich und – was nicht zu bestreiten ist – auch wirksam sind.

Oft beginnt die regelmäßige Einnahme schon in frühen Jahren. Besonders junge Mädchen greifen nicht selten zu Laxantien, in der Hoffnung, auf diese Weise eventuell vorhandene Gewichtsprobleme lösen zu können.

Verstopfung kann Darmkrebs hervorrufen

Häufig auftretende Verstopfungen können nach neuesten Untersuchungsergebnissen des Fred-Hutchison-Krebszentrums im US-amerikanischen Seattle das Darmkrebsrisiko wesentlich erhöhen. Menschen, die mindestens einmal wöchentlich verstopft sind und dagegen Abführmittel einnehmen – oder einnehmen müssen – erkranken der Studie zufolge mehr als viermal so häufig am gefürchteten Darmkrebs wie Personen ohne Verdauungsprobleme. Die Wissenschaftler des Krebszentrums führen das auf die lange Verweildauer des Stuhlbreis im Darm zurück.

Das Institut für klinische Pharmakologie der Universität Jena stellte fest, dass die jahrelange Einnahme von Abführmitteln das Risiko, an Nieren- und Blasenkrebs zu erkranken, erhöht. Das erhöhte Risiko lässt sich dabei für chemische und pflanzliche Abführmittel nachweisen.

Ursachen der Obstipation

Als Ursachen dieser Verdauungsstörung können im Wesentlichen drei Faktoren genannt werden:

- ungesunde Ernährung,
- Bewegungsmangel und
- psychische Faktoren.

Ein ganz entscheidender Punkt ist also die Ernährung. Je höher der Zivilisationsgrad der Bevölkerung, desto schlackenärmer ist im Allgemeinen ihre Nahrung. Der Kaloriengehalt der Kost steigt, gleichzeitig sinkt der Anteil der Ballaststoffe, die zur normalen Anregung der Darmtätigkeit erforderlich sind. Verstopfung ist also meist eine Folge unserer Zivilisation. Falsche Ernährungsgewohnheiten (kein Frühstück oder zu wenig Flüssigkeitszufuhr) begünstigen zudem die Entstehung von Verstopfung.

Auch die zweite Ursache der Obstipation liegt in unserer modernen Lebensweise begründet. So ist es eine Binsenweisheit, dass wir uns heute viel zu wenig bewegen, und die Darmträgheit ist nicht zuletzt die Antwort auf unsere eigene Trägheit. Aber auch andere typische „Stilelemente“ unserer Zeit wie Stress, Hektik und Unregelmäßigkeit sind einer normalen und pünktlichen Darmentleerung nicht gerade förderlich.

Nur wenn der Körper in Ruhe ist, kann das Nervensystem der Verdauungsorgane normal arbeiten. Auch der Darm hat eine „innere Uhr“. Werden regelmäßig Mahlzeiten eingenommen, kann sich der Körper darauf einstellen. Kommt die innere Uhr jedoch durcheinander, weil

die Nacht zum Tag gemacht wird oder weil zu ständig wechselnden Zeiten gegessen wird, ist der Darm regelrecht verwirrt und arbeitet nicht mehr richtig.

Nicht nur äußere Einflüsse, sondern auch psychische Faktoren können sich auf unsere Verdauung „blockierend" auswirken. Wohl fast jeder hat schon die Erfahrung gemacht, wie nachhaltig seelische Belastungen und Spannungszustände unser gesamtes Verdauungssystem in Unordnung bringen können.

Neben der weitgehend zivilisationsbedingten Darmträgheit, gibt es natürlich auch – allerdings wesentlich seltener – die organisch oder medikamentös bedingte Verstopfung. So können z. B. Hämorrhoiden, Tumoren, Erkrankungen des Magens und der Bauchspeicheldrüse von Verstopfung begleitet sein. Aber auch die Einnahme bestimmter Medikamente kann zu Darmträgheit führen. Dazu gehören z. B. einige Beruhigungsmittel und Ovulationshemmer, aber auch Bluthoch-

druckmittel oder Medikamente gegen eine Übersäuerung des Magens.

Eine organisch und/oder medikamentös bedingte Verstopfung gehört unbedingt in die Obhut eines Facharztes. Aber auch bei jeder länger andauernder (und vermutlich harmlosen) Verstopfung sollte man spätestens nach zwei Wochen den Arzt aufsuchen, allein schon um auszuschließen, dass Ursachen dieser Art vorliegen. Das geschieht z. B. mit Hilfe einer Stuhluntersuchung, einer rektalen Untersuchung, gegebenenfalls auch mit einer Endoskopie oder einer Röntgenuntersuchung.

Risikogruppen für eine Obstipation

Kinder

Chronische Obstipation kann für Kinder sehr belastend und sogar schmerzhaft sein. Verdauungsprobleme sind nach Ansicht der Kinderärztin des Universitätskinderklinik Essen Dr. Antje Ballauf das häufigste Beschwerdebild im Magen-Darm-Trakt. Auch für Kinder gilt, dass die Stuhlentleerungshäufigkeit zwischen dreimal täglich und dreimal wöchentlich liegen kann.

Abführmittel und pflanzliche Hausmittelchen wie Sennesblätter sind bei Kindern fehl am Platz. Verdauungsprobleme sollten immer mit dem Kinderarzt besprochen werden. Neben einer richtigen Ernährungsweise, reichlich Bewegung und Getränken – es muss ja nicht unbedingt Cola oder Limo sein – gehören Ballaststoffkonzentrate wie Leinsamen – z. B. im Joghurt – oder Milchzucker – z. B. im Kakao oder Fruchtsaft zu den geeigneten Vorsorge- und Behandlungsmethoden.

Schwangere

In der Schwangerschaft kommt es zu einer Vielzahl von körperlichen Umstellungen. Vor allem die veränderte Hormonproduktion sorgt bei vielen Schwangeren dafür, dass die Darmbewegung nachlässt und eine Obstipation daraus folgt. Verdauungsstörungen in der Schwangerschaft können aber auch durch den Bewegungsmangel, die anatomischen Veränderungen im Unterbrauch und insbesondere eine Verschiebung des Wasser- und Mineralstoffhaushalts hervorgerufen werden.

Senioren

Rund ein Drittel aller Personen über 65 Jahre leidet unter Verstopfung. Bei bettlägerigen Heimbewohnern sind es sogar 75 Prozent.

Menschen, die Abführmittel nehmen

Aus einer akuten Obstipation, die fälschlicherweise mit Abführmitteln behandelt wurde, entwickelt sich in vielen Fällen eine ernsthafte chronische Verstopfung. Mindestens die Häfte aller „eingebildet Verstopften" nimmt in guter Absicht und ohne ärztliches Anraten Abführmittel und wird so langfristig zu Obstipierten.

Nebenwirkungen bei langanhaltender Abführmitteleinnahme:

- niedriger Kaliumspiegel,
- Störungen des Säure-Basen-Haushaltes,
- Verdauungsstörungen,
- niedriger Magnesiumspiegel,
- Schädigung des Fötus,
- Veränderungen der Darmschleimhaut,
- Verstärkung einer Obstipation,
- Auslösung einer Obstipation.

Wann ist die Verdauung normal?

Fachärzte für Magen-Darmerkrankungen (Gastroenterologen) bezeichnen eine Stuhlentleerungsfrequenz von dreimal täglich ebenso normal wie dreimal wöchentlich.

Für den Arzt ist wichtig zu wissen, wie viel Stuhl der Patient ausscheidet, wie die Beschaffenheit des Stuhls ist und wie lange die „Transitzeit" – der Transport der Nahrung vom Mund bis zum Stuhlgang – dauert. Als ungefährer Richtwert gilt, dass die Transitzeit bei einem gesunden Erwachsenen 68 Stunden nicht überschreiten sollte. 90 Prozent der Zeit verbleibt der Nahrungs- oder hier schon Stuhlbrei im Dickdarm.

Mit Tests – dem Hinton-Test und der Manometrie – kann der Arzt die Transitzeit prüfen. Beim Hinton-Test werden über sechs Tage Kapseln geschluckt, die mit Markern gefüllt sind, die dann später auf dem Röntgenbild zu sehen sind. So kann die Transportzeit der Nahrung von Aufnahme bis Ausscheidung beurteilt werden. Häufen sich Marker an einer Stelle des Darms an, kann auf eine Transportstörung geschlossen werden.

Bei der Manometrie werden die Schließmuskel des Verdauungsapparates gemessen. Ob sie zum Beispiel verkrampfen oder nicht mehr richtig schließen. Außerdem kann die Peristaltik des Magen-Darm-Traktes gemessen werden, also die Transportbewegung.

40 % der Männer und 31 % der Frauen hatten in einer Studie in England regelmäßig täglich eine und 7 % der Männer und 4 % der Frauen zwei oder drei Stuhlentleerungen. Ein Drittel der Frauen hatte seltener als einmal täglich und 1 % der Frauen nur einmal pro Woche oder seltener eine Stuhlentleerung. Insgesamt neigen Frauen häufiger zu Obstipation als Männer.

Sie sollten zum Arzt gehen, wenn:

- Sie weniger als dreimal pro Woche Stuhlgang haben,
- Blut im Stuhl auftritt,
- Verstopfung und Durchfall abwechselnd auftreten,
- eine Ernährungsumstellung nicht zum Erfolg führt,
- Sie abhängig von Abführmitteln sind und die Dosis erhöhen müssen,
- noch andere Beschwerden (z. B. heftige Bauchschmerzen, Fieber) hinzukommen,
- Sie beim Stuhlgang stark pressen müssen, dabei Schmerzen haben oder danach noch ein unangenehmes Völlegefühl verspüren,
- Sie unter Druck und Völlegefühl, Appetitlosigkeit, häufigem Aufstoßen oder Erbrechen leiden,
- wenn ohne richtige Stuhlentleerung Schleim oder rötliche Flüssigkeiten auftreten.

Einnahme von Abführmitteln – ein Teufelkreis

Man schätzt, dass mehrere Millionen Menschen öfter als einmal pro Woche Mittel gegen Verstopfung einnehmen – weil sie unter chronischer Verstopfung leiden oder denken, dass mindestens ein Stuhlgang täglich nötig sei. Allen Laxanzien gemeinsam ist, dass sie die Flüssigkeit im Darm zurückhalten oder den Transport von Flüssigkeit von der Blutseite in das Darmlumen fördern. Dies verursacht einen Druckreiz auf die Darmwand, was reflexartig die Bewegung des Darmes erhöht und die Darmentleerung begünstigt. Werden über einen Zeitraum von mehreren Monaten häufiger als einmal wöchentlich Abführmittel eingenommen, spricht man von einem Abführmittelmissbrauch. Die Folge ist ein Elektrolytverlust. Das bedeutet: Salze und Mineralien, die für den Stoffwechsel aller Zellen im Körper notwendig sind, auch für den Darm, gehen verloren. Das kann die Darmträgheit häufig noch verstärken, und der Patient glaubt, immer mehr Abführmittel einnehmen zu müssen – ein Teufelskreis. Das geschieht auch bei pflanzlichen Abführmitteln, z. B. Sennesblättern- und -früchten, Chinesische Rhabarberwurzel, Faulbaumrinde, Aloe, also bei anthrachinonhaltigen Abführmitteln. Sie stehen unter dem Verdacht Darmkrebs zu verursachen.

Pflanzliche Abführmittel

Sennesblätter
Sennesfrüchte
Cascararinde
Faulbaumrinde
Rhabarberwurzel
Aloe

Das Bundesinstitut für Arzneimittel und Medizinprodukte hat für anthrachinonhaltige Abführmittel erklärt: Diese Produkte dürfen nur noch zur kurzfristigen Anwendung bei Verstopfung und nicht mehr zur Verdauungsförderung oder zur sogenannten Blutreinigung oder als Mittel zur Gewichtsabnahme eingesetzt werden. Eine Einnahme sollte nicht länger als ein bis zwei Wochen erfolgen. Wer ständig ohne ärztliche Absprache Abführmittel einnimmt, riskiert seine Gesundheit:

- lokale Beschwerden wie Analveränderungen und -fissuren (Schleimhautrisse),

- anatomische Darmveränderungen wie Nervenveränderungen und Verdünnung der Darmwand,
- gravierende Elektrolytstörungen wie Muskelkrämpfe und Herzrhythmusstörungen,
- die Entstehung von Darmkrebs.

Diagnose und Therapie einer Obstipation

Die wirkungsvollste Behandlung der Darmträgheit ist deren Vorbeugung durch ballaststoffreiche Kost, zwei bis drei Liter Trinkmenge täglich, reichlich Bewegung und das Nachkommen eines Stuhlreizes. Eine Verstopfung benötigt oft mehr als die Maßnahmen der Vorbeugung. Zusätzlich sind Ballaststoffkonzentrate wie Leinsamen oder Planto-afra/ovata-Samenschalen sowie Milchzucker oder Laktulose notwendig. Oftmals muss der Arzt sogar kurzzeitig Abführmittel verordnen.

Hilft eine Ernährungsumstellung, mehr Trinken und Bewegung sowie ein Stuhltraining nicht und hält die Verstopfung längere Zeit an, bedarf es der ärztlichen Hilfe. Betroffene sollten sich an ihren Hausarzt oder einen Facharzt für Magen-Darmkrankheiten (Gastroenterologen) wenden. Die kritiklose Selbstmedikation von Abführmitteln ist medizinisch höchst bedenklich.

Der Arzt führt bei Magen-Darmbeschwerden eine Ultraschalluntersuchung durch, der sich oftmals eine Spiegelung des Darms anschließt. Verstopfungen können viele Ursachen haben. Sie treten nicht nur bei ballaststoffarmer Ernährung, sondern auch bei Darmverengungen (Stenosen) oder als Begleiterscheinung von Stoffwechselerkrankungen, hormonellen Störungen, Schilddrüsenstörungen und Erkrankungen des Nervensystems auf.

Um die Ursachen einer chronischen Verstopfung (Obstipation) erkennen zu können, müssen die einzelnen Abschnitte des Verdauungstraktes systematisch untersucht werden. Die Dickdarmtätigkeit und der Ausscheidungsrhythmus werden am Krankenhaus Dresden-Friedrichstadt beispielweise auch mit einem sogenannten Kolonpassagetest festgestellt. Der Kolon ist der beidseits seitlich und oben („Kolonrahmen“) im Darmbauch liegende Grimmdarm, der längste Teil des Dickdarms. Bei dem Test schluckt der Patient in einem Zeitraum von sieben Tagen, zu immer gleicher Zeit, zehn Kapseln, die mit Bariumsulfat – sogenannte Marker – gefüllt sind. Die Tätigkeit des Dickdarms kann dann mittels einer einzigen Röntgenaufnahme rekonstruiert werden. Der Befund liefert ergänzende Ansatzpunkte für die Therapiegestaltung.

Die Änderung der Lebensweise hilft etwa 80 Prozent aller Patienten. Wenn sich die Beschwerden trotzdem nicht bessern, wird der Arzt nach möglichen Krankheiten suchen.

Im Darm steckt die Gesundheit

Der Dickdarm ist der Ort, wo das Abwehrsystem des menschlichen Organismus lebt. Dreiviertel der Abwehrkräfte des Menschen „wohnen“ sozusagen im Dickdarm. Der Darm hat ja auch die größte Oberfläche des Körpers nach außen und muss sich vor „Eindringlingen“, insbesondere Krankheitserregern schützen. Dafür ist die Darmflora verantwortlich. Viele Milliarden Bakterien bilden die positive Darmflora, die uns vor Krankheiten schützt.

Der Name Flora ist eigentlich falsch, aber früher sind Wissenschaftler davon ausgegangen, dass Bakterien und andere Mikroorganismen, die die Darmflora ausmachen, zum Pflanzenreich gehören.

Im Darm befinden sich zehnmal mehr Bakterien, als der Körper Zellen enthält. Die Dickdarmflora überwiegt die Dünndarmflora und die Bakterienbesiedlung der anderen Organe des Magen-Darm-Traktes um ein Vielfaches. Daher ist es richtig zu sagen, dass sich die Abwehrkraft des Körpers im Dickdarm befindet. Außerdem beugt eine gesunde Darmflora Krebserkrankungen vor, versorgt den Körper mit bestimmten Vitaminen, ernährt die Dickdarmschleimhaut und übernimmt vielfältige weitere wichtige Aufgaben.

Das Reizdarmsyndrom

Das Reizdarmsyndrom (RDS) zählt zu den funktionellen gastrointestinalen Krankheitsbildern und ist eine der häufigsten Erkrankungen des Magen-Darm-Trakts, welche durch eine meist charakteristische Symptomkonstellation bei fehlendem Nachweis krankhafter Veränderungen an den Verdauungsorganen gekennzeichnet ist.

Charakteristisch für das Reizdarmsyndrom ist das häufig wechselnde Krankheitsbild. Die Intensität und das Ausmaß der Symptome gehen von einer schwachen Ausprägung bis hin zu einer massiven Einschränkung der Lebensqualität. Es zeichnet sich durch chronisch-rezidivierende intestinale Beschwerden aus, bei denen Bauchschmerzen, Verdauungsstörungen und Blähungen eine charakteristische Trias bilden. Häufig klagen die Betroffenen auch über Beschwerden ohne direkten Bezug zum Gastrointestinaltrakt, wie Kopfschmerzen, Mattigkeit, Schlafstörungen und depressive Verstimmung.

Aufgrund des großen Ausmaßes der Erkrankungshäufigkeit beim Reizdarmsyndrom schreibt die medizinische Fachpresse bereits von einer Volkskrankheit. Die Prävalenzraten liegen weltweit zwischen 6,6 und 25 Prozent. Allein in Deutschland sind 15 bis 22 Prozent der Gesamtbevölkerung betroffen.

Ursachen und Entstehung des Reizdarmsyndroms sind bis heute weitgehend unbekannt. Derzeit werden verschiedene Ursachen diskutiert, die bei unterschiedlichen Reizdarmpatienten Art und Schwere der Symptome beeinflussen können. Zur Diagnosestellung Reizdarmsyndrom müssen bis heute kli-

nische Kriterien, die sogenannten ROM-III-Kriterien, herangezogen werden, die durch eine Reihe subjektiv empfundener Symptome charakterisiert sind. Entsprechend den Symptomen, unter denen die Betroffenen am meisten zu leiden haben, wird das Reizdarmsyndrom in vier sogenannte Subtypen unterteilt. Ein Wechsel und Überlappungen sind im Laufe der Krankheitsgeschichte nicht selten.

Symptome bzw. Beschwerden eines Reizdarmsyndroms treten vielfach ernährungsabhängig auf. Viele Reizdarmbetroffene klagen oft über eine Unverträglichkeit von Nahrungsmitteln. Dabei kann es sich eventuell um eine Laktoseintoleranz oder Fruktosemalabsorption handeln. Auch eine ballaststoff- und/oder fettreiche Ernährung kann Beschwerden auslösen oder verstärken.

Es gibt keine spezifische Diät beim Reizdarmsyndrom. Die individuellen Unverträglichkeiten eines jeden Reizdarmpatienten bestimmen, welche Ernährungsveränderungen sinnvoll sind. Für das Reizdarmsyndrom spielt die Menge und die Form der mit der Nahrung zugeführten Nährstoffe eine große Rolle.

Subtypen des Reizdarmsyndroms

- Diarrhö-Typ (> 3 Stühle täglich und/oder weiche Stuhlkonsistenz und/oder Stuhldrang)
- Obstipations-Typ (< 3 Stühle wöchentlich und/oder harte Stuhlkonsistenz und/oder mühsamer Stuhlgang)
- Schmerz-Typ
- Wechsel zwischen Diarrhö und Obstipation

Pilzerkrankungen des Darms: Candida albicans

Neben Bakterien sind auch Pilze natürliche Bestandteile der Flora des Magen-Darm-Traktes. Eine gesunde Darmflora ist in der Lage eine Überwucherung von schädigenden Pilzen abzuwehren. Gegen eine Pilzüberwucherung helfen grundsätzlich auch Probiotika. Gute Ergebnisse konnten Mediziner mit Brottrunk erzielen. Meist ist ein Befall mit Candida albicans nicht gefährlich. Wissenschaftlich gesichert ist, dass es keine Form der Ernährung gibt, die den Pilzbefall des Magen-Darm-Traktes positiv beeinflusst.

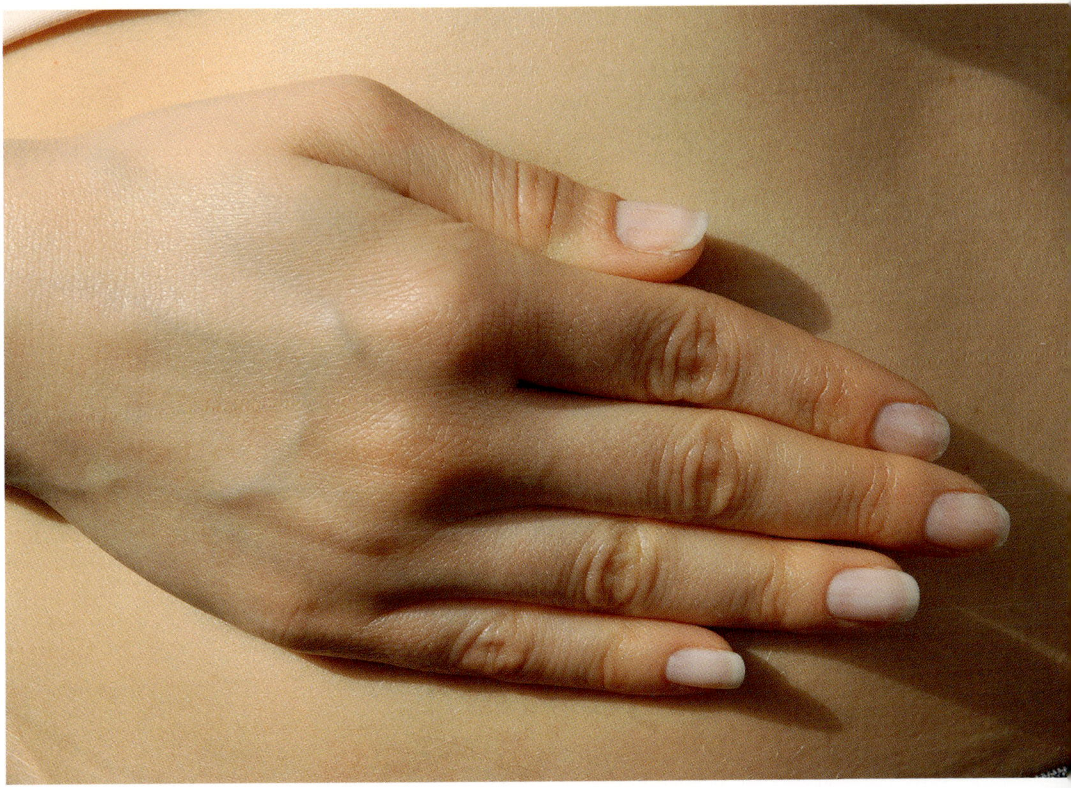

Gastroenterologen sind sich sicher, dass der Pilzbefall des Menschen nur bei Immunkrankheiten oder bei Patienten auf Intensivstationen überhaupt gefährlich ist. In keinem Fall ist es möglich, den Pilz allein durch eine Diät auszuhungern. Der Verzicht auf Zucker ist unterstützend zu empfehlen.

Was sind Divertikel?

Im Dickdarm können sich Ausstülpungen der Dickdarmschleimhaut durch Lücken in der Muskelschicht des Darms, sogenannte Divertikel, bilden. Zehn bis 50 Prozent der Bevölkerung leidet unter der Divertikelkrankheit. Die Erkrankung tritt vorwiegend im mittleren und höheren Lebensalter auf. Besonders häufig bilden sich Ausstülpungen des Dickdarms bei ballaststoffarmer Ernährung und langanhaltender Verstopfung. Bei ballaststoffarmer Kost ist der Stuhl sehr hart und drückt auf die schwache Darmwand, so dass sich Ausstülpungen bilden können.

Zumeist machen die Divertikel keine Beschwerden, wenn aber doch ist das häufigste Symptom ein Schmerz im linken Unterbauch.

Um Komplikationen zu vermeiden, sollten Menschen, die unter Divertikeln leiden eine ballaststoffreiche Kost einhalten und dafür sorgen, dass der Stuhl nie zu hart wird. Um das zu erreichen, ist oftmals die Einnahme von Ballaststoffkonzentraten, Milchzucker oder Laktu lose notwendig. Lediglich jeder zwanzigste Divertikel-Betroffene verspürt Schmerzen.

Entzünden sich die Divertikel und kommt es zur Divertikulitis (-itis = Entzündung), ist oft nur Hilfe durch einen operativen Eingriff möglich. Bei jedem zehnten bis zwanzigsten Divertikel-Träger kommt es zu einer Divertikulitis. Divertikel können auch bluten.

Blut im Stuhl ist stets ein Anzeichen, das den Gang zum Arzt erforderlich macht.

Vor 1890 galten Divertikel als eine anatomische Kuriosität. Inzwischen stellt aber die Divertikelkrankheit die häufigste Dickdarmerkrankung in den westlichen Ländern dar. Während die Divertikulose bei unter 40-Jährigen nur in einem Prozent der Fälle zu finden ist, beträgt die Häufigkeit im 5. Lebensjahrzehnt bereits fünf Prozent und nimmt mit dem Alter auf bis zu 30 bis 60 Prozent zu. 90 Prozent der von Divertikeln Betroffenen haben zeitlebens keine Beschwerden durch die Ausstülpungen. Nur 0,5 Prozent bedürfen eines operativen Eingriffs. Die Diagnose erfolgt über eine Röntgenuntersuchung des Dickdarms oder besser durch eine Dickdarmspiegelung.

Ursachen von Divertikeln

In der Entstehung sind zwei Faktoren von großer Bedeutung: Zum einen liegt eine Muskelschwäche des Dickdarms vor, zum anderen ist der Druck im Darm zu hoch. Als Hauptursachen für die Entstehung von Divertikeln führen Wissenschaftler die Ballaststoffarmut der Nahrung und die vorwiegend sitzende Tätigkeit der Betroffenen an. Als Beweis dafür kann angesehen werden, dass in Ländern mit ballaststoffreicher Ernährung wie Afrika oder Asien kaum Divertikel vorkommen und dass in Deutschland und den USA Divertikel besonders häufig vorkommen.

Vegetarier leiden übrigens auch besonders selten unter Divertikel, wie bei Vegetarier nahezu alle Darmkrankheiten insbesondere Verstopfung äußerst selten ist.

Auch bei der Divertikelkrankheit (Divertikulose) ist eine ballaststoffreiche Kost, wie sie in diesem Buch ausführlich beschrieben und dargestellt ist, angezeigt. Divertikelblutungen und eine Divertikelentzündung bedürfen einer ärztlichen Behandlung durch einen Gastroenterologen und können bis zur Operation reichen.

Wenn es juckt und blutet – es können Hämorrhoiden sein

Der Analkanal ist die drei bis fünf Zentimeter lange Übergangszone, die den Darm von der Außenwelt trennt und dessen Strukturen ihm die Funktion des Entleerungsorgans ermöglichen. Bei 80 Prozent aller Menschen über 30 Jahren sind Hämorrhoiden nachweisbar. Hämorrhoiden stellen sich als schwammige knotenförmige Vorwölbungen dar. Ihre Oberfläche ist von geschlängelten kleinsten Blutgefäßen (Kapillaren) durchzogen. Sie sind nicht schmerzempfindlich.

Hämorrhoiden sind Krampfadern, die im Enddarm oder am Anus vorhanden sein können. Äußere Hämorrhoiden sind leicht feststellbar, während innere Hämorrhoiden vom Gastroenterologen bei der analen Austastung oder Darmspiegelung entdeckt werden. Durch einen hohen Druck in den Blutgefäßen und eine Gewebsschwäche wird das Hämorrhoidalleiden hervorgerufen.

Vier bis fünf Prozent der Bevölkerung leiden unter Hämorrhoiden. Besonders häufig sind Hämorrhoidalleiden bei chronischer Verstopfung und erschwerter Stuhlentleerung. Oftmals kommt es zur Ausbildung von Hämorrhoiden in der Schwangerschaft.

Ein Hauptanzeichen für Hämorrhoiden ist frisches, helles Blut im Stuhl. Auch kommt es zu ziehendem Schmerz in der Analgegend, Nässen mit oder ohne Juckreiz und auch Hautirritationen bei fortgeschrittenem Hämorrhoidalleiden.

Die Therapie liegt immer in der Hand des Arztes. Sie besteht in der Entfernung der Hämorrhoiden durch Sklerosierung (Verhärtung), Ligatur (Unterbindung, Infrarotkoagulation, Kälte- oder Wärmesonden sowie Operation. Stellt der Arzt keine Indikation für eine der oben genannten Behandlung, ist es erforderlich für einen weichen Stuhlgang und eine leichte Stuhlentleerung zu sorgen, damit die Hämorrhoiden nicht zunehmen oder es zu Blutungen kommt.

Risikofaktoren für das Hämorrhoidalleiden

- höheres Alter
- männliches Geschlecht
- Hämorrhoiden in der Familie
- Verstopfung
- ballaststoffarme Kost
- geringe Flüssigkeitszufuhr
- sitzende Tätigkeit
- Schwangerschaft

Analfissuren

Ein harter Stuhlgang kann zu Verletzungen in der Schleimhaut des Darms und am Darmausgang (Anus) führen. Dies kann mit Schmerzen, Nässen, Blutungen und Juckreiz einhergehen. Analfissuren zeigen sich oftmals durch heftige, schneidende oder brennende Schmerzen während des Stuhlgangs, die circa eine Stunde anhalten können. Eine sorgfältige Analhygiene und eine ballaststoffreiche Kost, die einen weichen Stuhlgang hervorruft, begünstigen die Abheilung. Chronische Fissuren werden chirurgisch behandelt.

Richtig essen und trinken bei Magen-Darm-Erkrankungen

Richtig essen bei Erkrankungen von Mund und Speiseröhre

Eine **Candida**-Behandlung sollte immer auf zwei Säulen stehen: den Medikamenten und einer speziellen Ernährung. Ohne eine solche begleitende Ernährungstherapie können auch die besten Medikamente gegen Pilze wenig ausrichten. In erster Linie muss eine solche Ernährung den krankmachenden Hefen ihre hauptsächliche Nahrung entziehen, nämlich den Zucker. Damit ist nicht nur der gewöhnliche Haushaltszucker gemeint, sondern auch alle alternativen Süßen wie Honig, Rübensirup, Dicksäfte oder Rohrzucker. Ebenso beinhaltet diese Diät den Verzicht auf Fruchtzucker in Form von Obst oder Fruchtsäften.

Wichtig hingegen sind Ballaststoffe, die in Vollkornprodukten, Hülsenfrüchten oder Kartoffeln enthalten sind. Diese reinigen die Darmschleimhaut mechanisch und befördern so die Pilze aus dem Körper.

Bei **eingerissenen Mundwinkeln** (Rhagaden) liegt oft ein Eisenmangel sowie zusätzlich ein Vitamin-B12-Mangel (Cobalamin-Mangel) zugrunde. Oft reicht bei Vitamin- und Mineralstoffmangel eine Ernährungsumstellung nicht, hier ist vielmehr die Einnahme von Nahrungsergänzungsmitteln erforderlich.

Cobalaminreiche Lebensmittel		
	µg/100 g	kcal/100 g
Rind, Leber, gegart	67,0	147,0
Kalb, Leber, gegart	62,0	146,5
Schwein, Leber, gegart	40,0	123,3
Rind, Niere, gegart	32,0	101,6
Kalb, Niere, gegart	29,0	116,4
Brathähnchen, Leber, gegart	24,0	146,7
Algen, frisch	20,0	36,6
Kaviar, echt	16,0	259,3
Schwein, Niere, gegart	16,0	114,7
Austern, frisch	14,0	63,1
Kalbsleberwurst	14,0	316,7
Leberwurst, fein	13,0	328,4
Leberpastete	13,0	299,5

Eisenreiche Lebensmittel		
	mg/100 g	kcal/100 g
Hefe	20,0	288,0
Hausmacher Blutwurst	17,0	343,9
Schwein, Leber, gegart	15,4	123,3
Kalb, Niere, gegart	11,3	116,4
Filetblutwurst	10,3	247,1
Schwein, Niere, gegart	9,8	114,7
Rind, Niere, gegart	9,3	101,6
Brathähnchen, Leber, gegart	9,2	146,7
Kalb, Leber, gegart	7,6	146,5
Jacobsmuschel	7,5	77,0
Kalbsleberwurst	7,4	316,7
Hühnerei, Eigelb	7,2	348,7
Leberwurst, fein	7,1	328,4
Rind, Leber, gegart	6,8	147,0
Austern, frisch	6,7	63,1
Leberpastete	6,6	299,5

Zinkreiche Lebensmittel		
	mg/100 g	kcal/100 g
Austern, frisch	85,0	63,1
Hefe	8,0	288,0
Schwartenmagen	6,3	180,7
Schwein, Leber, gegart	6,2	123,3
Rind, Fleisch, frisch gegart	6,1	180,4
Rumpsteak	5,6	234,9
Rind, Filet (Lende), frisch gegart	5,2	152,0
Rind, Fleisch, frisch gegart	5,1	151,1
Blauschimmel, Rahmstufe	5,1	358,5
Bergkäse, Vollfettstufe	5,1	384,1
Hartkäse, Magerstufe	5,0	167,3

Das sollte zuvor mit dem Arzt und dem Diätassistenten genau besprochen werden. Eisenmangel ist auch bei chronisch-entzündlichen Darmerkrankungen – insbesondere Colitis ulcerosa – häufig.

Entzündliche Veränderungen und Wunden im Mund lassen sich durch das lebenswichtige Spurenelement Zink lindern. In diesem Falle wird auf die Schleimhäute aber nicht Zinkpaste aufgetragen, sondern in der Regel eine systemische Therapie durchgeführt. Die Einnahme von zehn bis 20 Milligramm Zink ist in diesem Fällen dauerhaft sinnvoll.

Bei einer **Refluxösophagitis** sollte neben einer medikamentösen Therapie auch die Ernährung umgestellt werden. Auf fettreiche Nahrungsmittel und Speisen, insbesondere Schokolade und Süßigkeiten mit viel Schokolade, Alkohol (vor allem hochprozentiger) und starken Kaffee sollte verzichtet werden, da sie den Reflux fördern. Kohlenhydratreiche, aber zuckerarme Speisen wirken sich jedoch positiv aus. Scharfe Gewürze (Salz) oder saure Speisen und Getränke haben keinen Einfluss.

Spätestens zwei Stunden vor dem Schlafengehen sollte die letzte, möglichst

Empfehlenswert bei Gastritis	Nicht empfehlenswert
lauwarme Speisen	sehr heiße oder sehr kalte Speisen
6–8 kleine, eiweißreiche Mahlzeiten	große, üppige, fettreiche Mahlzeiten
kohlenhydratreiche Speisen	Zucker, Schokolade gezuckerte, kohlensäurehaltige Getränke (Limonade oder Cola)
Kartoffelsaft	Kaffee

fett- und zuckerarme Mahlzeit aufgenommen werden. Alkohol oder Nikotin sollten vor dem Schlafengehen, am besten aber grundsätzlich gemieden werden.

Richtig ernähren bei Gastritis

Eine Magendiät gibt es nicht. Selbstverständlich kann bei Magenschleimhautentzündungen eine normale Kost gegessen werden. Sinnvoll ist es jedoch auf extrem große, belastende Mahlzeiten zu verzichten. Scharfe Gewürze sind nach Auswertungen von Studien nicht schädlich, sondern lindernd. Das trifft insbesondere für die Substanz Capsaicin zu, die in Chili oder Tabasco enthalten ist.

Gastritis-Patienten sollten jedoch auf Alkohol verzichten. Auch sollten Sie nicht rauchen. Viele Patienten vertragen kohlensäurereiche Getränke nicht. Andere diätetische Maßnahmen sind nicht sinnvoll.

Der Konsum von Milch ist nicht heilend und führt bei einer Vielzahl von Patienten sogar zu einer Verschlimmerung der Beschwerden. Natürlich dürfen auch saure Getränke und Speisen aufgenommen werden.

Probiotika scheinen gerade Helicobacter pylori entschärfen zu können. Probiotika sind gesunde Mikroorganismen, die die Flora des Magen-Darm-Traktes verbessern. Viele Patienten mit Magen-Darm-Erkrankungen – auch Magenschleimhautenzündung – profitieren daher vom täglichen Genuss von Produkten mit probiotischen Bakterien. Der Effekt ist wissenschaftlich nachgewiesen für Brotsäurebakterien, die im Brottrunk enthalten sind. Gesundheitsexperte Professor Hademar Bankhofer hat Brotsäurebakterien als die Elitetruppe der Probiotika bezeichnet. Wer unter Magenbeschwerden leidet, sollte täglich morgens und abends ein Glas Brottrunk trinken.

Richtig ernähren bei chronisch-entzündlichen Darmerkrankungen

Bei Morbus Crohn und Colitis ulcerosa sollten die Patienten bewusst die Speisen meiden, die sie nicht vertragen (Eliminationsdiät). In 30 Prozent der Fälle liegt eine Milchunverträglichkeit (Laktoseintoleranz) vor, so dass eine milchfreie Diät wichtig ist.

Sind aufgrund der Entzündung auch Mangelerscheinungen aufgetreten, müssen die nicht resorbierten Vitamine und Mineralstoffe (Kalzium, Kalium, Eisen) entsprechend substituiert werden.

Richtig essen bei Durchfall

Ist eine Laktoseintoleranz (Milchunverträglichkeit) Ursache des Durchfalls sollte Laktose gemieden und Laktase substituiert werden. Laktosehaltig sind Milch, Milchprodukte und damit hergestellte Lebensmittel. Laktose kann auch in Arzneimitteln, Zahnpasta, Gewürzmischungen und Fertiggerichten enthalten sein.

Zu Beginn der diätetischen Behandlung sollte Laktose völlig gemieden werden. Nach dem Abklingen der Symptome kann versucht werden, wie groß die individuelle Laktosetoleranz ist. In der Regel werden gesäuerte Milchprodukte (z. B. Joghurt, gegebenenfalls probiotisches Joghurt) gut vertragen. Schnittkäse ist fast laktosefrei.

Bei einer **fettbedingten** Diarrhö (Steatorrhoe) wird die Zufuhr an herkömmlichen Nahrungsfetten reduziert. Damit die Reduktion des normalen Nahrungsfettes nicht zu einer Mangelernährung führt, ist es erforderlich, stattdessen spezielle Fette, die z. B. im Reformhaus erhältlich sind, aufzunehmen. Diese Fet-

te heißen MKT, mittelkettige Triglyzeride. Diese Fette sind nicht so hoch erhitzbar wie normales Fett.

Fettarm und daher empfehlenswert sind Obst, Gemüse, Hülsenfrüchte, Getreideprodukte, Kartoffeln, Kochfisch (Kabeljau), mageres Geflügel und magere Wurstsorten (Corned beef, Schinken ohne Fettrand), Harzer Käse und Magerquark sowie entrahmte Milchprodukte.

Viele Menschen können sogenannten Diabetikerzucker und damit hergestellte Lebensmittel schlecht vertragen. Süßstoff hingegen vertragen sie gut. Die Therapie besteht also in einer Reduktion oder Meidung von Sorbit, Xylit, Mannit, Lactit und anderen Zuckeralkoholen, die zu einer Diarrhö führen können.

In diätetischen Lebensmitteln für Diabetiker ist in der Regel ein Zuckeralkohol enthalten. Süßstoffe lösen keine Diarrhö aus.

Süßigkeiten wie Kaugummi oder Bonbons enthalten jedoch oftmals Zuckeralkohole – zu erkennen ist das am „Zahngesund"-Logo, denn Zuckeralkohole sind nicht kariogen. Diese Lebensmittel sind also zu vermeiden.

Richtig essen bei Sprue (Zöliakie)

Die Therapie der Sprue besteht in einer lebenslangen konsequenten Meidung der auslösenden Getreideeiweiße. Diese Proteine befinden sich in Weizen, Roggen, Dinkel, Gerste, Grünkern sowie verwandten Getreidearten und Urkornarten (z. B. Kamut und Einkorn) sowie Tritikale (Kreuzung aus Roggen und Weizen).

Während über lange Jahre auch Hafer auf den Verbotslisten der Patienten stand, rechtfertigen wissenschaftliche Untersuchungen die Aussage, dass dieses Getreide bzw. genauer die Substanz Avenin nur wenig schädlich ist. Bedauerlicherweise sind reine Haferprodukte in Deutschland kaum erhältlich, sodass ein Restrisiko bleibt. Die Zöliakie grundsätzlich mit Getreideeiweiß in Zusammenhang zu bringen, wäre unsinnig, da auch andere Getreide nicht eiweißfrei sind. Jedes Getreide enthält Eiweiß.

Die diätetische Lebensmittelindustrie bietet inzwischen geschmacklich hervorragende Spezialprodukte für Sprue-Betroffene an. Während solche Lebensmittel noch vor einigen Jahren nur im Reformhaus oder Direktversand erhältlich waren, gehören sie heute auch zum Warensortiment von Biomärkten, Drogerien und vielen Supermärkten.

Der Energiebedarf ist unter glutenfreier Kost nicht erhöht. Nur abgemagerte, ausgezehrte Patienten bedürfen zum Aus-

Glutenfreie Nahrungsmittel	Glutenhaltige Nahrungsmittel
Hafer, Mais, Reis, Soja, Hirse	Roggen, Weizen, Gerste
diätetische Lebensmittel aus Hafer, Mais, Reis, Soja und Hirse (z. B. glutenfreies Brot, Nudeln oder Reiswaffeln)	Lebensmittel mit und aus Roggen, Hafer, Weizen und Gerste (z. B. Brot, Nudeln, Gebäck oder Bier)
Fleisch, Wurst (in der Regel)	paniertes Fleisch, Grützewurst
Fisch	Fischstäbchen, Fischfertiggerichte
Gemüse (frisch), Hülsenfrüchte, Kartoffeln	Gemüse mit „Mehlsoßen", Kroketten
Obst, Nüsse, Sirup, Konfitüre, Marmelade	
Milch, Milchprodukte (Käse)	Joghurt mit Getreidebestandteilen
Zucker, Süßstoff	
Schokolade	Gummibärchen, gefüllte Pralinen, Malzbonbons
Wasser, Kaffee, Tee, Obstsaft	Malzkaffee, Bier, Malzbier
Butter, Margarine, Öl, Schmalz	
Hühnerei	Eierteigwaren

gleich des Gewichtsdefizits einer hochkalorischen Ernährung. Die Nährstoffrelation und der Wirkstoffbedarf entsprechen der Norm. Liegen Mangelzustände vor, müssen die entsprechenden Wirkstoffe substituiert werden. Säuglinge sollten bis zum sechsten Lebensmonat glutenfrei ernährt werden, um die eventuelle Auslösung einer Getreideeiweißunverträglichkeit zu vermeiden.

Achtung: Diätfehler (Glutenbelastung) sind nicht ohne! Sie führen meist sofort zu einer erneuten Zottenatrophie und lösen damit Symptome aus. Diätfehler erhöhen auch das Krebsrisiko. Durch die Zottenatrophie werden Fett (Steatorrhoe) und Milchzucker nicht vollständig resorbiert. Die Milchzuckerunverträglichkeit ist durch einen Laktasemangel bedingt, der sich nach Rekonstitution der laktaseproduzierenden Zotten zurückbildet. Die Einhaltung einer MKT- bzw. milchzuckerreduzierten Kost kann erforderlich sein. Die Fettverwertungsstörung und die Laktoseunverträglichkeit bessern sich meist nach kurzer Zeit.

Richtig essen bei Laktoseintoleranz

Die Therapie einer Milchzuckerunverträglichkeit (Laktoseintoleranz) besteht hauptsächlich in der Vermeidung von Milchzucker.

Milchzucker ist natürlicher Bestandteil der Milch. Inzwischen gibt es Molkereien, die auch laktosefreie Milch und Milchprodukte anbieten. Außerdem ist Milchzucker natürlich auch Bestandteil von Lebensmitteln, die mit Milch hergestellt sind.

Milchzucker wird aber auch als „Zutat“ vielen Produkten zugesetzt. So kann auch Zahnpasta Milchzucker enthalten. Oftmals ist Laktose auch in Süßstofftabletten, Würstchen, bestimmten Medikamenten sowie Gewürzmischungen enthalten. In Joghurt und anderen gesäuerten Milchprodukten ist der Milchzucker weitgehend durch Milchsäurebakterien verarbeitet. Daher werden kleinere Mengen Joghurt oder Käse oftmals gut vertragen. Die meisten Schnittkäsesorten sind weitgehend laktosefrei. Eine absolute Milchzuckerunverträglichkeit ist selten.

Anstatt auf Milch können Patienten auch auf Sojaprodukte zurückgreifen. Laktosefrei sind frisches Gemüse, Obst, Öl, Zucker, Wasser, Alkohol sowie reines Getreide und viele andere Produkte. Menschen, die unter Milchzuckerunverträglichkeit leiden, sollten das Zutatenverzeichnis bei Lebensmitteln genau beachten.

Eine Ernährung ohne Milch führt oft zu einem Kalziummangel, dem man durch Substitution entgegenwirken kann.

Richtig essen bei Darmträgheit und Obstipation

Eine ballaststoffreiche, gesunde Ernährung ermöglicht in der Regel einen natürlichen Stuhlgang. Am meisten Ballaststoffe enthält Weizenkleie mit einem Anteil von 45 Prozent. Sie wird neben Leinsamen, Pflaumen und Milchzucker auch therapeutisch eingesetzt (15–40 g/Tag), wenn eine Umstellung der Ernährung auf ballaststoffreiche Kost nicht möglich ist.

Lebensmittel mit einem hohen Ballaststoffanteil sind Vollkorngetreideprodukte, Gemüse und Obst. Erstere haben den höchsten Anteil von quellenden Sub-

stanzen und sind deshalb wesentlichster Bestandteil der Diät. Generell wichtig beim Verzehr von ballaststoffreichen Lebensmitteln ist die gleichzeitige hohe Flüssigkeitszufuhr (z. B. 150 ml Flüssigkeit pro Esslöffel Weizenkleie).

Die Deutsche Gesellschaft für Ernährung und der Verein zur Förderung der gesunden Ernährung und Diätetik empfehlen täglich mindestens 30 Gramm, besser 45 Gramm Ballaststoffe aufzunehmen. Derzeit liegt die durchschnittliche Ballaststoffzufuhr bei nur 20 bis 23 Gramm. Das ist zu wenig für eine gute Verdauung und einen optimal funktionierenden Stoffwechsel. Da sind sich Ernährungsmediziner einig, daher gehen die Empfehlungen für eine gesunde Ernährungsweise immer in Richtung mehr Ballaststoffe.

Eine ballaststoffreiche Diät kann zu einer geringeren Ausnutzung von Mineralstoffen führen. Davon sind insbesondere Kalzium, Zink und Eisen betroffen. Aber selbst bei einer Ballaststoffzufuhr von mehr als 50 Gramm ist mit Mangelerscheinungen nicht zu rechnen.

Außerdem ist es wichtig, ausreichend, sprich mindestens zwei Liter, zu trinken, denn Ballaststoffe benötigen reichlich Flüssigkeit zum Quellen. Ballaststoffe regen die Darmbewegung (= Peristaltik) an und sie werden im Dickdarm von Bakterien zu organischen Säuren abgebaut. Das führt zu einer Änderung des pH-Wertes. Dieser Effekt sorgt dafür, dass ver-

Besser austauschen!	
Ballaststoffreich	**Ballaststoffarm/-frei**
Vollkornbrot	Weißbrot
Vollkornreis	geschälter Reis
Vollkornnudeln	Eierteigwaren
Obst (insbesondere Beerenobst)	Fleisch und Wurst
Gemüse (insbesondere Kohl)	Eier
Hafer-/Weizenkleie	Fisch
Nüsse und Samen (kalorienreich)	Geflügel
Vollkorngetreide (z. B. Vollkornhaferflocken)	Milch und Milchprodukte

Hitparade der ballaststoffarmen Lebensmittel			
		g/100 g	kcal/100 g
1.	Eis, Sorbet	0,2	163,4
2.	Orange, Fruchtsaft	0,2	44,9
3.	Wassermelone, frisch	0,2	38,2
4.	Melone, frisch	0,2	38,2
5.	Milchreis	0,3	156,3
6.	Quarkspeisen, Joghurt	0,3	119,4
7.	Gemüsebrühe	0,3	15,2
8.	Fruchtsaftgetränke	0,3	47,3
9.	Eis mit Früchten	0,4	154,5
10.	Frikadelle	0,4	251,0
11.	Schweineschnitzel, paniert	0,4	174,7
12.	Reis, geschält, gegart	0,4	93,0
13.	Sorbet	0,4	138,9
14.	Salami	0,5	359,9
15.	Bismarckhering Konserve, abgetropft	0,5	180,0
16.	Heringsfilet in Tomatensoße	0,5	184,3
17.	Reis, parboiled, gegart	0,5	107,8

stärkt Wasser in den Darm gezogen wird, so dass das Stuhlvolumen ansteigt und die Darmentleerung normal funktionieren kann. Ein idealer Ballaststoff ist auch die Oligofruktose. Damit angereicherte Lebensmittel tragen das Beneo-Logo.

Die Ernährungstherapie zur Vorbeugung und Behandlung der Darmträgheit und Verstopfung erfordert das Zusammenspiel von Mediziner (in diesem Falle dem Gastroenterologen = Facharzt für Magen-Darm-Krankheiten) und qualifizierten Diätassistenten oder Diplom-Ökootrophologen. Im Anhang finden Sie Adressen bei denen Sie sich sich nach Diätassistenten oder Diplom-Ökotrophologen, die Ihnen bei der Ernährungsumstellung helfen, erkundigen können.

Bevorzugen Sie in Ihrer Ernährung ballaststoffreiche Lebensmittel, die neben der Verdauungsförderung auch noch viele andere Vorteile bieten. Dazu gehören z. B. eine herausragende Sättigung – wichtig bei der Gewichtsreduktion – eine langsame und milde Blutzuckersteigerung nach dem Essen – wichtig für Diabetiker und Übergewichtige, die abnehmen wollen, denn ein langsamer Blutzuckeranstieg sorgt für einen minimierten Insulinreflex, und wenig Insulin bedeutet

Hitparade der ballaststoffreichen Lebensmittel

		g/100 g	kcal/100 g
1.	Pfifferlinge, getrocknet	58,3	120,2
2.	Weizenkleie	45,4	172,3
3.	Leinsamen	35,0	372,4
4.	Kakaopulver	32,7	342,5
5.	Sojamehl	27,5	196,7
6.	Mohnsamen	20,5	472,3
7.	Kokosnuss-Raspeln	20,0	610,7
8.	Hülsenfrüchte, getrocknet, im Durchschnitt	16,6	277,7
9.	Mandeln	15,2	569,6
10.	Roggen-Vollkornmehl	14,0	294,2
11.	Hirsekörner	13,0	330,8
12.	Zartbitterschokolade	11,8	496,7
13.	Vollkornteigwaren ohne Ei	11,5	322,9
14.	Erdnüsse, geröstet	11,4	579,3
15.	Aprikosen, getrocknet	11,2	249,5
16.	Sesamsamen	11,2	559,0
17.	Nüsse im Durchschnitt	10,9	561,7

wenig Hunger und leichten Fettgewebsabbau – sowie eine Senkung des Cholesterinspiegels, da Ballaststoffe den Kreislauf der Gallensäure, die zum großen Teil aus Cholesterin bestehen, unterbricht und so die Gallensäuren ausgeschieden werden.

Ziel der Vorbeugung, aber auch Behandlung von Verstopfung ist es, regelmäßig – mindestens dreimal wöchentlich – einen weichen Stuhlgang bei problemloser Entleerung ohne den Gebrauch von Abführmitteln zu erreichen.

Vitamine und Mineralstoffe

Mediziner und Diätassistenten unterscheiden zwischen wasser- und fettlöslichen Vitaminen. Vitamine und Mineralstoffe sind lebensnotwendige Nahrungsbestandteile. Im Rahmen einer ballaststoffreichen, gesunden Ernährungsweise liegt die Zufuhr der meisten Vitamine und Mineralstoffe im „grünen Bereich".

In der Durchschnittsbevölkerung gibt es oftmals einen Mangel an Fluorid, Jodid, Zink und Magnesium. Bei Menschen, die regelmäßig Abführmittel ge-

Hitliste der kaliumreichen Nahrungsmittel

		mg/100 g	kcal/100 g
1.	Aprikosen, getrocknet	1654,0	249,5
2.	Weizenkleie	1390,0	172,3
3.	Pflaumen, getrocknet	1218,0	261,0
4.	Bananen, getrocknet	1201,0	290,6
5.	Tomatenmark	1150,0	73,9
6.	Feigen, getrocknet	1082,0	284,4
7.	Petersilienblatt, frisch	1000,0	52,6
8.	Hülsenfrüchte, reif	940,0	277,7
9.	Mandeln, süß, frisch	835,0	569,6
10.	Kürbiskerne, frisch	814,0	560,2
11.	Rosinen	782,0	298,0
12.	Kräutermischung	694,0	45,2
13.	Datteln, getrocknet	659,0	285,4
14.	Blattspinat, frisch	633,0	17,4
15.	Kresse, frisch	550,0	38,0
16.	Äpfel, getrocknet	541,0	278,4
17.	Roggen-Vollkornmehl	510,0	294,2

bzw. missbrauchen, liegt zudem oftmals ein Kalium-, Magnesium- und manchmal sogar ein Natriummangel vor. Menschen, die Abführmittel nehmen oder eingenommen haben, benötigen zur Auffüllung der Speicher in der Regel mindestens 500 mg Magnesium täglich. Das ist mit Nahrungsmitteln kaum zu erreichen, wie die unten stehende Tabelle zeigt.

Der Bedarf an Kalium ist abhängig vom Kaliumspiegel im Blut, sollte aber bei Abführmittelgebrauch bei mindestens drei bis fünf Gramm täglich – z. B. in Form von Brausetabletten – liegen. Kalium ist zudem reichlich in Obst, Gemüse, Tomatenmark, Aprikosen, Bananen, Kartoffeln und Säften enthalten. Auch ein Magnesium- und ein Zinkmangel lässt sich zuweilen nur über Tabletten ausgleichen.

Bei den Vitaminen findet häufig eine mangelhafte Zufuhr an B-Vitaminen (insbesondere Folsäure) statt. Der Jod- und Fluoridbedarf ist leicht durch eine gesunde, ballaststoffreiche Ernährung mit Seefisch und fluoridiertem Jodsalz zu decken.

Hitliste der magnesiumreichen Nahrungsmitteln

		mg/100 g	kcal/100 g
1.	Weizenkleie	590,0	172,3
2.	Kürbiskerne, frisch	402,0	560,2
3.	Sonnenblumenkerne, frisch	395,0	574,8
4.	Leinsamen, frisch	350,0	372,4
5.	Sesam, frisch	347,0	559,0
6.	Mohn, frisch	333,0	472,3
7.	Cashewnüsse, geröstet	255,0	594,6
8.	Weizen, Keim	250,0	313,8
9.	Sojabohnen, geröstet	250,0	359,0
10.	Pinienkerne, frisch	235,0	575,5
11.	Mandeln, süß, frisch	220,0	569,6
12.	Erdnüsse, geröstet	182,0	579,3
13.	Hirse, ganzes Korn	170,0	330,8
14.	Paranüsse, frisch	160,0	660,4
15.	Reis, ungeschält	157,0	349,7
16.	Haselnüsse, frisch	155,0	636,2
17.	Sanddornbeeren, Konzentrat	153,0	401,3

Die Einnahme von Multivitamin-Mineralstoff-Präparaten ist nur nach ärztlichem Anraten notwendig. Nach dem längerfristigen Missbrauch von paraffinölhaltigen Abführmitteln kann zudem ein Mangel an fettlöslichen Vitaminen (A, D, E und K) vorliegen.

Auch wenn Sie sich ausgewogen, ballaststoffreich und gesund ernähren, kann es – insbesondere bei Abführmittelgebrauch oder -missbrauch – notwendig sein, Tabletten mit Vitaminen und Mineralstoffen einzunehmen. Sprechen Sie darüber mit Ihrem Arzt und qualifizierten Diätassistenten oder Diplom-Ökotrophologen.

Pro- und Prebiotika

Die sogenannten Probiotika (pro = für, bios = Leben – also Stoffe für das Leben), die inzwischen in vielen Milchprodukten enthalten sind, profitieren von Ballaststoffen und Milchzucker. Probiotika (das Gegenteil von Antibiotika – also gegen das Leben gerichtete Stoffe) bauen eine gesunde Darmflora auf. Die Darmflora setzt sich aus verschiedenen Mikroorganismen zusammen. Es gibt dabei gesunde und ungesunde Mikroorganismen. Die gesunden schützen den Körper vor dem Eindringen von Krankheitserregern durch die Darmschleimhaut in den Körper. Eine gesunde Darmflora schützt z. B. auch vor

der Überwucherung mit bestimmten Hefepilzen (z. B. Candida albicans), die immer wieder für viele Krankheiten verantwortlich gemacht werden. Die gesunden und für uns wichtigen Mikroorganismen können die unverdauten Ballaststoffe als Nahrung nutzen. Diese Ballaststoffe werden daher als Prebiotika bzw. Präbiotika bezeichnet. Prebiotika sind schlicht bestimmte Ballaststoffe, die eine gesunde Darmflora fördern.

Zu den gesunden Mikroorganismen der Darmflora gehören die Bifido- und Laktobazillen, also milchsäureproduzierende Bakterien. Milchzucker aus Vollmilch oder als Zutat in Getränken, Kompott oder Müsli dient den gesunden Mikroorganismen ebenfalls als Nahrung. Vermehren sich die gesunden Mikroorganismen, nimmt das Wachstum von fäulnisserregenden Keimen ab. Jüngste Forschungsergebnisse schreiben Pro- und Prebiotika eine vorbeugende Wirkung gegen Dickdarmkrebs zu.

Probiotika als Präventionsmaßnahme – ein Glas Brottrunk oder ein Becher Joghurt am Tag und die alltäglichen Wehwehchen gehören der Vergangenheit an? Für viele von Verdauungsproblemen, Allergien und nicht enden wollenden Erkältungen Geplagte ist dies eine Traumvorstellung. Hier besteht dringender Erklärungsbedarf – was können Probiotika tatsächlich bewirken und wie setzen Gesundheitsbewusste sie sinnvoll ein, damit sie die Erfolge erzielen, die sie sich hierdurch versprechen? Probiotische Lebensmittel gehören zu den funktionellen Lebensmitteln („functional food"). Dies sind Lebensmittel, die über ihre ernährungsphysiologische Bedeutung hinaus einen bestimmten gesundheitlichen Nutzen aufweisen. Diese positiven Effekte der funktionellen Lebensmittel beruhen entweder auf den enthaltenen lebenden Mikroorganismen („Probiotika", z. B. in Joghurt oder Brottrunk) oder biologisch aktiven Substanzen („Nutraceuticals", z. B. in cholesterinsenkender Margarine). „Probiotisch" bedeutet übersetzt „für das Leben", und genau diesem Zweck sollen die im Handel angebotenen Probiotika dienen: Sie sollen neben der einfachen Lebenserhaltung auch für eine Lebensgesunderhaltung sorgen, indem sie natürliche Vitalfunktionen unterstützen. Die enthaltenen lebenden Mikroorganismen bewegen sich unbeschadet durch die Magen-Dünndarmpassage und widerstehen den damit verbundenen starken pH-Wert-Schwankungen und Angriffen der Verdauungsenzyme. Dadurch gelangen sie bis in den Dickdarm und besiedeln dort für eine kurze Zeit die Schleimhaut. Es gibt zunehmend mehr Hinweise darauf, dass die starke und gesunde Darmflora Erkältungs- und Durchfallerkrankungen sowie allergischen Reaktionen vor allem bei Kindern vorbeugt. Weiterhin hemmt sie Enzyme, die Nahrungsreste im Darm zu krebserregenden Substanzen umwandeln.

Unterschiedliche Produkte haben in den letzten Jahren den Markt erobert: Neben Joghurts türmen sich Butter, Käse oder Speiseeis, die die unterschiedlichsten probiotischen Bakterienstämme enthalten, in den Supermarktregalen. Manche Hersteller werben mit einer „Geld-zurück-Garantie" oder wollen die Kunden mit so genannten „Testwochen" an das Produkt binden. Zumindest das Prinzip der Testwochen hat einen sinnvollen Hintergrund, denn nur ein regelmäßiger Verzehr führt dazu, dass sich die positiven Effekte in voller Kraft entfalten können. Des Weiteren raten Ernährungsexperten dazu, keine großen Sprünge zwischen verschiedenen Produkten zu machen.

Die gesundheitsfördernden Effekte sind hauptsächlich auf die in gegorenen Erzeugnissen enthaltenen Milchsäurebakterien zurückzuführen, die in großer Konzentration z. B. in Brottrunks enthalten sind. Neben den bedeutenden Brotmilchsäurebakterien enthält Brottrunk zahlreiche Vitamine, Mineralstoffe und Spurenelemente, die während des Gärungsprozesses aus der Basis des Brottrunks – Bio-Sauerteigbrot – herausgelöst werden. Ein weiteres Plus des Brottrunks sind die enthaltenen wasserlöslichen Nahrungsfasern, die den Milchsäurebakterien als Nahrung dienen, so dass sie sich leichter im Darm ansiedeln können. Optimal ist es, täglich ein Glas Brotrunk zu trinken. Wer unter Krankheiten des Magen-Darm-Traktes leidet, profitiert von einer höheren Dosis. Wem der Brottrunk zu sauer ist, der kann ihn mit Mineralwasser mischen. Ideal ist Brottrunk auch daher, weil er frei von Laktose ist und eine ausgezeichnete Verträglichkeit aufweist. Gesundheitsbewusste sollten daher auf qualitativ hochwertige und in zahlreichen Studien getestete Produkte zurückgreifen.

Die Darmflora lässt sich durch probiotische Brotmilchsäurebakterien sowie Oligofruktose leicht zum Immunbooster aufbauen. Aber im Dickdarm benötigen gesundheitsförderliche Mikroorganismen ausreichend Spezialnahrung, um überhaupt überleben und dauerhaft als Schutzschild vor Krankheitserregern dienen zu können: Wasserlösliche Ballaststoffe wie Oligofruktose sind dafür ideal. Oligofruktose ist das optimale Substrat für ein effektives krankheitsabwehrendes, darmassoziiertes Immunsystem. Produkte, die mit der gesunden Oligofruktose angereichert sind, tragen das Beneo-Logo.

Milchzucker

Milchzucker ist ein reines Naturprodukt mit langer Tradition. Mit dem Trend zur natürlichen, sanften Medizin hat der Milchzucker in den letzten Jahren noch mehr an Bedeutung gewonnen. Die älteste Erwähnung geht auf das Jahr 1615 und den italienischen Mediziner Prof. Dr. Fabrizio Bartoletti (1586–1630) aus Bologna zurück. Bartoletti hatte die bei der Käserei anfallende Molke eingedampft und mit Wasser wieder aufgelöst, um dann nach mehrmaligem Wiederholen dieses Vorganges ein weißes kristallines, süßlich schmeckendes Pulver zu gewinnen. Dem gab er den Namen „Manna aus der Molke".

Der deutsche Mediziner Dr. Carl Caspari kommt im Jahre 1823 in seinem Taschenbuch der Frühlingskuren den heutigen Einsatzgebieten sehr nahe. Er beschreibt den Milchzucker als Digestiv mit mild abführender Wikrung. Aus seiner Sicht entfaltet der Milchzucker günstige Wirkungen bei Verstopfung und Hämorrhoidalleiden. Bereits im 19. Jahrhundert zählte Milchzucker zu den Standardtherpeutika bei chronischer Obstipation.

Milchzuckergehalt in verschiedenen Milchsorten

	g/100 ml
Muttermilch	7,0 g
Kuhmilch, 3,5 % Fett	4,6 g
Schafmilch	4,6 g
Stutenmilch	6,2 g
Ziegenmilch	4,2 g

Milchzucker (Laktose) unterliegt den strengen Qualitätsnormen des Deutschen Arzneibuches und dem deutschen Lebensmittelgesetz. Milchzucker ist ein reines Naturprodukt. Er ist ein natürliches Kohlenhydrat, das aus frischer Molke gewonnen wird. In der Natur kommt der Milchzucker ausschließlich in der Milch von Säugetieren und des Menschen vor. Die Muttermilch der Frau enthält übrigens mehr Milchzucker als z. B. die Kuhmilch. Milchzucker ist also das erste Kohlenhydrat, dass der Mensch von Natur aus über die Muttermilch aufnimmt.

Milchzucker schmeckt weniger süß als Haushaltszucker und löst sich in Flüssigkeiten auf. Er setzt sich aus den Bausteinen Traubenzucker (Glukose) und Schleimzucker (Galaktose) zusammen. Im Dünndarm wirkt das Verdauungsferment (Enzym) Laktase auf die Laktose ein und spaltet sie zu den aufnehmbaren Bausteinen Glukose und Galaktose. Der nicht gespaltene Teil des Milchzuckers wird in den Dickdarm befördert. Milchzucker stimuliert den Darm sanft und ohne Nebenwirkungen. Die sanfte verdauungsförderliche Wirkung des Milchzuckers, die von sehr vielen Menschen genutzt wird und den Abführmitteln fast immer vorzuziehen ist, beruht auf einem ganz einfachen Effekt. Die zugeführte Milchzuckermenge übersteigt die Kapazität des Enzyms Laktase. Viel wichtiger ist aber, dass im Gegensatz zu Abführmitteln kein Gewöhnungseffekt zu erwarten ist.

Auch Diabetiker dürfen auf Milchzucker zurückgreifen, wenn sie die Verdauung anturnen möchten. Eine Berechnungseinheit (= BE) Milchzucker entspricht zwölf Gramm. Da der Milchzucker aber nur unvollständig verdauut werden kann, dadurch der Blutzucker nur wenig und sanft ansteigt, können pro BE zwei Esslöffel genommen werden.

Besonders wirksam ist Milchzucker, wenn man ihn direkt nach dem Aufstehen in etwas kaltem Fruchsaft aufgelöst trinkt. Die tägliche Aufnahme von 1–4 EL Milchzucker in Saft mit einem Sauermilchprodukt (möglichst mit lebenden

Milchsäurebakterien) bewirkt eine Optimierung der Bakterienbesiedlung des Dickdarms, stärkt die Abwehrkraft, beseitigt funktionelle Störungen und ist die beste Barriere gegen krankmachende Keime oder Pilzüberwucherung (Candida albicans).

Milchzucker liefert pro Gramm vier Kilokalorien – aber keine Angst, Milchzucker fördert nicht das Übergewicht, denn er wird ja kaum aufgenommen. Zehn bis 30 Gramm Laktose schlagen nicht zu B(a)uche.

Ballaststoffkonzentrate

Durch die Einnahme von wasserlöslichen Ballaststoffen, die als Quellstoffe bezeichnet werden, lässt sich die Ballaststoffzufuhr leicht erhöhen. Ballaststoffkonzentrate sind oftmals leichter verträglich als ballaststoffreiche Lebensmittel wie Vollkornbrot, Rohkost oder Müsli. Das trifft insbesondere für ältere Menschen zu.

Wichtig ist, dass die Ballaststoffkonzentrate nicht mit pflanzlichen Abführmittel kombiniert sind. Empfehlenswert sind Plantago-afra/ovata-Samenschalen (z. B. Mucofalk), Weizenkleie oder Leinsamen (z. B. Haferkleie oder Goldsam Leinsamen).

Die Wirkung von Quellstoffen ist von einer reichlichen Flüssigkeitszufuhr abhängig, denn die wasserlöslichen Ballaststoffe müssen quellen können, um den Stuhl geschmeidig zu machen und das Stuhlvolumen zu erhöhen. Wasserlösliche Ballaststoffe, wie sie insbesondere in Plantago-ovata-Samenschalen vorkommen, üben einen günstigen Einfluss auf die Darmflora aus, binden Giftstoffe im Darm, beugen Darmkrebs vor und senken den Cholesterinspiegel.

Viele Menschen schrecken vor dem Konsum von Leinsamen zurück, da diese Samen durch ihren hohen Fettgehalt recht kalorienreich sind. Dazu ist wichtig, dass die Energie bei ungeschroteten, sprich ganzen Leinsamen, kaum ausgewertet werden kann. Da die Leinsamen den Magen-Darm-Trakt ähnlich verlassen wie sie aufgenommen wurden. Sie sind dadurch zwar nicht kalorienfrei – aber auch nicht kalorienreich. Sie brauchen also keine Angst vor der Kalorienbelastung haben, wenn Sie täglich 3–4 EL Leinsamen essen. Ganze Leinsamen sind auch weniger verderbnisempfänglich als geschrotete Leinsamen. Bewahren Sie die Leinsamen, die Sie am besten in der Apotheke, dem Reformhaus oder dem Bioladen kaufen, kühl, dunkel und verschlossen auf. Eine Packung sollten Sie nicht länger als sechs Wochen lagern. Nach dem Öffnen immer im Kühlschrank aufbewahren.

Das erste wohlschmeckende probiotische Pulver auch für unterwegs

Nutrilance ist ein modernes probiotisches Produkt, das nach den neuesten Erkenntnissen der Wissenschaft entwickelt wurde. Es ist kein Joghurt oder Milchgetränk, sondern ein wohlschmeckendes Pulver zur täglichen Unterstützung einer harmonischen Verdauung durch probiotische Bakterienkulturen und dem löslichen Ballaststoff Inulin. Die drei probiotischen Kulturen (Bifidobakterium bifidum, Lactobacillus casei und Lactobacillus acidophilus) siedeln sich im Darm an und helfen damit einer gesunden Darmflora, die für eine regulierte Verdauung wichtig ist. Aber auch die Abwehrkräfte und der Abbau von Lactose (Milchzucker) werden gefördert. Der lösliche Ballaststoff Inulin ist unter anderem für die Vermehrung der probiotischen Kulturen im Darm verantwortlich und hat einen harmonisierenden Effekt auf die Verdauung.

Nutrilance ist das erste Produkt mit probiotischen Kulturen und einem Ballaststoff, das problemlos auch unterwegs gegessen werden kann: Es muss nicht gekühlt werden, kann in Form der praktischen, kleinen Sachets überall mitgenommen und kann direkt – ganz ohne Flüssigkeit – verzehrt werden.

Eine Packung für zwei Monate mit 60 Sachets, bei nur 6,6 kcal/Tagesportion kostet nur 27 Euro. Erhältlich ist Nutrilance bei der Firma Cape June in Frankfurt. Unter www.capejune.de kann es über deren Online Shop jederzeit bezogen werden. Auf der Website findet man auch genaue Informationen zu den Zutaten.

Das richtige Gewicht

Viele Menschen, die unter Darmträgheit und Verstopfung leiden, essen falsch – und das führt zu Übergewicht. Schokolade, Zucker, Weißmehlprodukte und Kuchen lassen das Körpergewicht ansteigen, Fett ansetzen und machen den Darm einfach träge. Daher sind viele Übergewichtige auch gleichzeitig mit einem trägen Darm geschlagen. Eine Ernährungsumstellung auf eine Kost reich an Obst, Gemüse, Salat, Hülsenfrüchten, Vollkornprodukten und Kartoffeln reguliert die Verdauung und lässt die Pfunde schwinden, denn Ballaststoffreiches ist in der Regel auch kalorienarm, aber reich an fitmachenden Vitaminen und Mineralstoffen.

Erhöhtes Körpergewicht und zu viel Körperfett stellen Risikofaktoren auch für eine Vielzahl von anderen Erkrankungen, z. B. Stoffwechselerkrankungen, dar.

Das Körpergewicht wird heute anhand des sogenannten Körpermassenindex (= Body-Mass-Index; BMI) bewertet. Dieser berechnet sich aus dem Körpergewicht im Verhältnis zur Körpergröße im Quadrat. Sie können Ihren Body-Mass-Index leicht aus der unten stehenden Grafik ablesen und auf einen Blick feststellen, ob Ihr Gewicht im grünen, gelben oder roten Bereich liegt. Bilden Sie dafür den Schnittpunkt aus Ihrer Körpergröße und Ihrem Körpergewicht.

$$\frac{\text{Körpergewicht in kg}}{\text{Körpergröße in m x Körpergröße in m}}$$

Ballaststoffe sind Schlankmacher

Ballaststoffe gehören zur Gruppe der Kohlenhydrate. Ohne Ballaststoffe kann unser Darm nicht funktionieren. Sie sind Stütz- und Strukturelemente der pflanzlichen Zellen. Ballaststoffe kommen daher praktisch nur in pflanzlichen Lebensmitteln vor. Dem Körper liefern sie im Vergleich zu anderen Kohlenhydraten, Eiweißen (Proteinen) oder Fetten direkt keine Energie, da dem Menschen Enzyme fehlen, die Ballaststoffe spalten können.

Im Dickdarm dienen Ballaststoffe der Darmflora als Nahrung. Die Bakterien der natürlichen Darmflora können Ballaststoffe fermentieren. Die Darmflora sorgt für eine gute Darmfunktion und ist ganz wichtig bei der Krankheitsabwehr. Von einer ballaststoffreichen Ernährung können Sie aber nicht zunehmen, da die Darmflora die Energie sozusagen direkt verbraucht. Da ballaststoffreiche Lebensmittel ohnehin relativ kalorienarm sind, macht eine ballaststoffreiche Kost eher schlank. Ballaststoffe sind

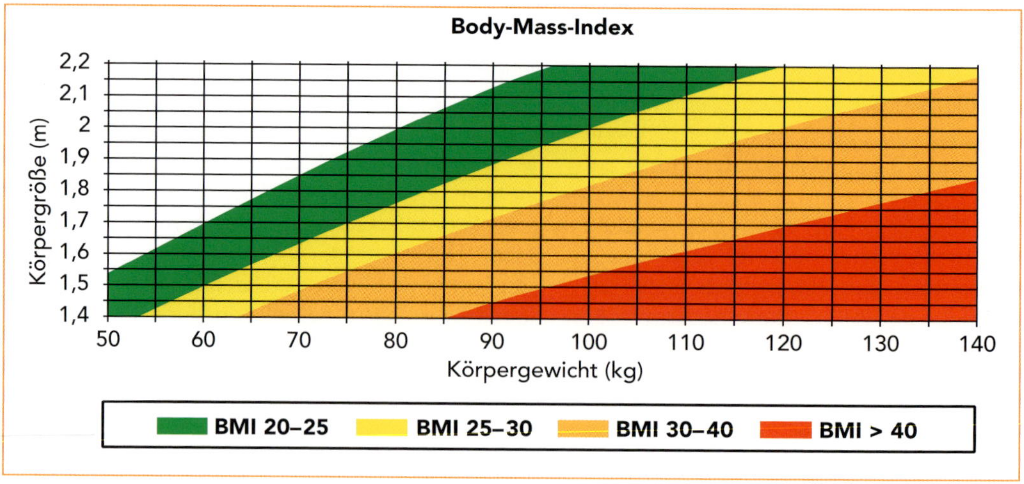

für eine florierende Darmtätigkeit besonders wichtig. Die weitgehend unverdaulichen Quell- und Füllstoffe regen die Darmbewegung (Peristaltik) an und optimieren den Transport des Nahrungsbreis durch den unteren Verdauungstrakt. Ballaststoffe sind überwiegend pflanzlicher Herkunft. Die wichtigsten sind Zellulose, Hemizellulose, Lignin und Pektine. Lieferanten für Ballaststoffe sind: Kleie, Vollkornmehl (Mehltype $\geq$ 1050), Vollkornprodukte (aus Mehl, das noch die gesamten Bestandteile der Getreidekörner, einschließlich des Keimlings enthält); Gemüse: Gemüse allgemein, Kartoffeln, vor allem Hülsenfrüchte (Bohnen, Erbsen); Obst (besonders Trockenobst; Nüsse, Kerne), Leinsamen, Weizenkleie, Ölsamen, Mohn, Mandel, Roggen, Sesam, Erdnuss, Pistazie; sonstiges: Gelier- und Dickungsmittel (Guarkernmehl, Johannisbrotkernmehl), Vollkornteigwaren und Müsli. Damit Ballaststoffe gut quellen können und der Stuhl gleitfähiger wird, sollen täglich mindestens zwei bis 2,5 Liter Flüssigkeit getrunken werden.

Die empfohlene tägliche Ballststoffmenge liegt bei mindestens 30 Gramm,

besser 45 Gramm. 30 Gramm Ballaststoffe sind z. B. in 2 Scheiben Vollkornbrot, 2 mittelgroßen Äpfeln, 3 hühnereigroßen Kartoffeln, einer Portion Sauerkraut und einer kleine Schüssel Rettichsalat enthalten. Der Energiegehalt liegt bei nur 525 Kilokalorien.

Ballaststoffreiche Lebensmittel sind „Satt- und Schlankmacher", die wenig Energie, aber reichlich lebensnotwendige Vitamine, Mineralstoffe und Spurenelemente sowie sekundäre Pflanzeninhaltsstoffe enthalten.

Wieviel Energie – oder genauer Kalorien – Sie benötigen

Der Energieverbrauch und die Energiezufuhr bestimmen unser Körpergewicht. Liegt der Verbrauch niedriger als die Zufuhr, steigt das Körpergewicht an und Sie nehmen zu. Ist das Verhältnis genau umgekehrt – wie das bei der darmfreundlichen ballaststoffreichen Ernährung oft der Fall ist – nehmen Sie an Körpergewicht und Körperfett ab. Übergewicht ist danach ein Bilanzproblem. Im Alter nimmt bei jedem Menschen der Energiebedarf ab.

Richtig abnehmen bei Darmträgheit und Obstipation

Nach jahrelangen Diskussionen um die richtige Reduktionskost ist klar, dass eigentlich nur eine fettarme Ernährungsweise zur Gewichtsabnahme (Körperfettmassereduktion) führen kann. Fett macht fett. Ein Gewichtsverlust von 500 Gramm wöchentlich ist dabei ernährungsmedizinisch empfehlenswert. Die Energiezufuhr bei einer reduzierten Kost liegt idealerweise zwischen täglich 1200 und 1800 Kilokalorien. Wichtig ist es, auf die richtige Balance von Kohlenhydraten, Eiweißen und Fetten zu achten.

Kohlenhydrate

Die direkte Energieversorgung des Körpers – über den Blutzucker – stammt aus kohlenhydratreichen Nahrungsmitteln wie Getreideprodukte (Vollkornbrot und -brötchen, Vollkornreis, Vollkornnudeln ist dabei der Vorzug vor Weißmehlprodukten zu geben), Gemüse, Salat, Kartoffeln und Obst (frischen Produkten und oftmals Rohkost ist dabei der Vorzug zu geben) sowie Zucker (der im Übermaß aufgenommen das Körpergewicht erhöht und Karies hervorrufen kann – im Zweifelsfall ist hier weniger mehr. Diabetiker verwenden anstatt Zucker Süßstoffe, die gesundheitlich unbedenklich sind und übrigens auch keinen Appetit hervorru-

fen). Mit Ausnahme von Zucker und Zuckerreichem sind kohlenhydratreiche Nahrungsmittel gesund – nicht nur für den Darm – und relativ kalorienarm. Durch Kohlenhydrate dick zu werden ist nur schwerlich möglich. Obst, Gemüse, Kartoffeln und Getreideprodukte sind reich an wertvollen Ballaststoffen und somit ein wichtiger Bestandteil der Ernährung. Der Darm ist auf Ballaststoffe angewiesen, um funktionieren zu können.

Eiweiße

Eiweiß wird wissenschaftlich als Protein bezeichnet und ist für unseren Organismus lebensnotwendig. Es dient dem Körper als Baustoff für die Muskulatur, aber auch für die Bildung zahlreicher Hormone (z. B. Insulin) und Enzyme, z. B. die, die für die Verdauung notwendig sind. Darmträge oder Obstipierte sollten ihren Eiweißbedarf über pflanzliche Nahrungsmittel (insbesondere Soja), fettarme Milch, Milchprodukte, Seefisch und mageres Fleisch sowie Wurstwaren decken. Eiweiße haben keinen direkten Einfluss auf die Verstopfungsentstehung oder -bekämpfung.

Fette

Fett ist der energiereichste Nährstoff (ein Gramm Fett hat mehr als doppelt so viele Kalorien als Kohlenhydrate oder Eiweiß), und deswegen weisen Mediziner und Diätassistenten immer wieder mit Nachdruck darauf hin, dass Fett fett macht. Auch Darmträge oder Obstipierte sollten ausschließlich hochwertige Vitamin-E-reiche Pflanzenöle und Diät- oder Reformmargarine verwenden. Lein- und Rapsöl haben einen sehr hohen Gehalt an einfach ungesättigten Fettsäuren, die die Gefäße schützen. Übergewichtige profitieren von einer äußerst sparsamen Verwendung der genannten Fette. Auf fettreiche tierische Produkte und fette Süßigkeiten sollten sie verzichten. Fette

haben keinen direkten Einfluss auf die Verstopfungsentstehung oder -bekämpfung. Eine große Menge Fett auf einmal kann aber einen Fettdurchfall hervorrufen.

Richtig trinken bei Darmträgheit und Obstipation

Jeder Mensch sollte täglich mindestens zwei Liter trinken. Bei einer ballaststoffreichen Ernährung müssen es sogar 2,5 Liter täglich sein. Im Gegensatz zu zuckerreichen Limonaden und Colagetränken sind insbesondere Mineralwasser, Früchtetee und süßstoffgesüßte Limonaden zu empfehlen. Täglich sollten nicht mehr als vier Tassen nicht zu stark gekochter Schwarztee oder Kaffee getrunken werden. Bohnenkaffee kann jedoch der Auslöser des Stuhldrangs sein. Das trifft besonders auf den morgendlichen Kaffee zu. Im Gegensatz dazu kann Schwarztee eine Verstopfung fördern. Eine verdauungsförderliche Wirkung haben auch Sauermilchprodukte, insbesondere die mit lebenden Milchsäurebakterien, Sauergemüsesäfte, Brottrunk oder Pflaumensaft.

Falls Sie unter einem abführmittelbedingten Kaliummangel leiden, trinken Sie kaliumreiche Obst- und Gemüsesäfte. Mineralwasser versorgt Sie nicht nur mit Flüssigkeit, sondern auch mit lebensnotwendigen Mineralien.

Vergessen Sie nie zu trinken, vor allem wenn Sie Ballaststoffkonzentrate wie Leinsamen, Kleie oder Plantago-ovata/afra-Samenschalen einnehmen.

Besonders effektiv ist es, wenn Sie direkt nach dem Aufstehen etwas Kaltes, z. B. ein Glas Mineralwasser, trinken. Da-

mit können Sie bereits den gastrokolischen Reflex, dem eine Entleerung folgt, auslösen.

Wenn Sie unter einer hartnäckigen Verstopfung leiden, mischen Sie ein Glas Mineralwasser mit 2 EL Milchzucker und einem Schnapsglas Pflaumensaft und einem Schnapsglas Kefir. Das schmeckt gut und bringt den trägen Darm in Bewegung.

Alkohol ist ein Gift

Alkohol ist ein energiereicher Stoff und liefert fast so viele Kalorien wie Fett. Ernährungsmediziner stellen daher fest, dass Alkohol die Entstehung von Übergewicht fördert, da er selbst reichlich Energie liefert und gleichzeitig den Fettabbau im Stoffwechsel hemmt. Einen direkten Einfluss auf die Verdauung üben Alkoholika nicht aus. Eine größere Menge Rotwein kann aber den Darm in seiner Trägheit fördern. Das ist auf die enthaltene Gerbsäure zurückzuführen.

Vor dem regelmäßigen Alkoholkonsum muss hier dringend gewarnt werden, denn Alkohol ist ein gefährliches Gift, das abhängig macht. Die gesundheitsförderlichen Aspekte, die insbesondere Wein oft zugeschrieben werden, liegen deutlich hinter den gesundheitsschädlichen Effekten von Alkoholika. Also: Weniger Alkohol ist mehr.

Richtig essen bei Reizdarmsyndrom

Allgemein gilt für einen Reizdarmpatienten, dass er die Lebensmittel, die ihm Beschwerden bereiten (Fruchtzucker, Sorbit, Fett etc.), in der Ernährung möglichst ausspart.

Kohlenhydrate

Viele Reizdarmbetroffene leiden unter einer Kohlenhydratunverträglichkeit. Liegt eine **Empfindlichkeit auf Zucker** vor, so kann die Störung auf den Verzehr von Fruktose (Fruchtzucker) zurückzuführen sein, man spricht dann von einer Fruktoseintoleranz. Im Dickdarm wird die Fruktose von Bakterien zu Gasen und Fettsäuren abgebaut. Die Darmgase erhöhen den Druck auf die Darmwände und können somit abdominelle Schmerzen und Blähungen verursachen. Die vermehrte Stoffwechselleistung der Bakterien führt zu eine Erhöhung der Darmperistaltik und verursacht letztendlich Diarrhö.

Fruktose ist ein natürlicher Bestandteil aller Obstsorten und zahlreicher Gemüsearten. Sehr viel Fruchtzucker ist in Honig, Konfitüre, Trockenfrüchten und Fruchtsaftgetränken enthalten. Aber auch Cola, Ketchup, Joghurt und Liköre beinhalten Fruchtzucker.

Derzeit gibt es keine spezifische Therapie. Die Ernährung ist davon abhängig, wie stark die Fruktoseaufnahme des Darms gestört und wie groß der Leidensdruck des Betroffenen ist. Deshalb ist es notwendig herauszufinden, auf welche Lebensmittel der Magen-Darm-Trakt überempfindlich reagiert und ab welcher Verzehrmenge die Symptome ausgelöst werden.

Bei vielen Reizdarmpatienten liegt sogar eine **Sorbitmalabsorption**, also eine verschlechterte Aufnahme des Zuckeraustauschstoffs Sorbit (E 420) über den Dünndarm ins Blut, vor. Eine Sorbitmalabsorption geht mit Bauchschmerzen, Blähungen und Diarrhö einher. Deshalb sollten die Betroffenen auf stark sorbithaltige Lebensmittel weitgehend verzichten.

Stark betroffen sind Reizdarmpatienten mit einer Fruktoseintoleranz. Besonders ist darauf zu achten, dass Sorbit auch in vielen herkömmlichen Zahnpflegemitteln, zahnpflegenden Kaugummis und Lutschpastillen enthalten ist. Sorbit (E 420) ist heutzutage in vielen industriell hergestellten Lebensmitteln als Zuckeraustauschstoff, Trägerstoff, Süßungsmittel sowie Feuchthaltemittel vorzufinden. Es kommt in vielen Früchten und Obstsorten vor und hat einen hohen Anteil in Birnen, Pflaumen, Äpfeln, Aprikosen, Pfirsichen, Rosinen sowie sämtlichem Trockenobst.

In der Lebensmittelherstellung wird Sorbit auch als Feuchthaltemittel eingesetzt und schützt somit z. B. Senf, Mayonnaisen, Toast, Biskuit, Schokoladen- und Pralinenfüllungen vor dem Austrocknen. Mit Ausnahme von Getränken als Zusatz, ist Sorbit für fast alle Lebensmittel in beliebig hoher Menge zugelassen.

Die am häufigsten anzutreffende Kohlenhydratunverträglichkeit beim Reizdarmsyndrom ist die **Laktoseintoleranz** (Milchzuckerunverträglichkeit), die durch einen Mangel an dem Enzym Laktase zustande kommt. Für die Ernährung steht eine Reduktion des Laktosegehalts der Nahrung durch eine geringere Aufnahme bzw. komplettes Weglassen von Milch und Milchprodukten im Vordergrund. Zu den laktosereichen Lebensmitteln gehören Vollmilch, Eiscreme, Trinkkakao, Molke sowie Kondensmilch und Milchschokolade. Hingegen sind Camembert, Rahmbrie, Parmesan, Feta, Butter oder Emmentaler fast laktosefrei. Joghurt, Speisequark, Buttermilch und auch Nuss-Nougat-Creme haben einen mittleren Laktosegehalt. Bei vielen Betroffenen reicht z. B. eine alleinige Reduzierung eines laktosereichen Lebensmittels aus, um eine Linderung der Beschwerden zu erhalten. Meist ist nicht die Menge an aufgenommener Laktose, sondern die Art des Lebensmittels für die Verträglichkeit von entscheidender Bedeutung.

Fette

Fett, ein großer Bestandteil in der Nahrung und kann bei Betroffenen mit Reizdarmsyndrom zum Entstehen von Beschwerden beitragen. Fett stellt den wichtigsten Energiespeicher dar und wird mit pflanzlicher und tierischer Nahrung aufgenommen. Es ist Träger der in der Nahrung vorkommenden fettlöslichen Vitamine (E, D, K, A) sowie von Geschmacks- und Aromastoffen und dient als Bau- und Schutzstoff. Beim Verzehr von fettigen Speisen kann es bei Reizdarmpatienten zu Blähungen, krampfartigen Beschwerden und Durchfall kommen. Der Grund kann ein Mangel an den zur Fettverdauung notwendigen Gallensäuren oder eine Schwäche des Pankreas (Bauchspeicheldrüse) sein.

Wie bei allen anderen Nahrungsmitteln, ist die Menge des Fettes, die zu Beschwerden führt, von Reizdarmpatient zu Reizdarmpatient verschieden. Viele Reizdarmpatienten, die fettige Speisen schlecht vertragen, vermeiden meist allgemein Fette. Aber die Fette haben im menschlichen Körper lebensnotwendige Aufgaben. Demnach sollten Fette nicht verteufelt, sondern nach Qualität und Quantität beurteilt werden. Eine fettreduzierte Ernährung bei Reizdarmsyndrom sollte angestrebt werden und führt meist zu einer Linderung der Beschwerden.

Zu den fettreichen Lebensmitteln gehören z. B. Streichwurst, Bratwurst, Schlagsahne, verschiedene Käsesorten, Mürbeteig sowie Chips und alle Öle. Aber auch einige Fischsorten, wie Lachs oder Aal sind sehr fettreich.

Ein wichtiger Punkt ist, dass einige fetthaltige Lebensmittel die essentiellen Omega-3-Fettsäuren enthalten, die auch einen großen Anteil in der Ernährung beim Reizdarmsyndrom ausmachen sollten. Einen hohen Gehalt an Omega-3-Fettsäuren haben das Leinöl, Walnussöl, Rapsöl und Sojaöl. Weiterhin kommen sie in ausreichenden Mengen in Fischen, wie Thunfisch, Lachs, Hering oder Makrele vor.

Eiweiße

Eiweiße (Proteine) sind für Bau, Funktion und Stoffwechsel aller lebenden Zellen und Gewebe des menschlichen Organismus von überragender Bedeutung. Eine ausreichende Eiweißzufuhr sollte sowohl durch tierisches als auch durch pflanzliches Eiweiß gewährleistet werden.

Proteine sind aus verschiedenen Aminosäuren zusammengesetzt. Bestimmte Aminosäuren können im Körper nicht oder nicht in ausreichender Menge synthetisiert werden. Die Zufuhr dieser essentiellen Aminosäuren ist daher lebensnotwendig und ist nicht durch Fette oder Kohlenhydrate zu ersetzen.

Je nach Herkunft wird zwischen tierischem und pflanzlichem Eiweiß und biologischer Wertigkeit unterschieden. Die biologische Wertigkeit gibt die Qualität eines Proteins an; sie gibt an, wie viele körpereigene Proteine aus dem zugeführten Nahrungseiweiß mit dem geringsten Aufwand gebildet werden können. Je mehr essentielle Aminosäuren in einem Nahrungsprotein enthalten sind, desto höher ist die Qualität dieses Nahrungsproteins.

Tierisches Eiweiß findet sich hauptsächlich in Fleisch, Fisch, Milch, Milchprodukte sowie Eiern und hat eine höhere biologische Wertigkeit als pflanzliches Eiweiß. Pflanzliches Eiweiß wird in nennenswerten Mengen mit Brot, Hülsenfrüchten und Kartoffeln aufgenommen und in geringen Mengen mit fast allen Gemüse- und Obstsorten. Durch Kombination von Nahrungsprotein unterschiedlicher essentieller Aminosäurezusammensetzung kann die biologische Wertigkeit eines nur pflanzlichen Proteins oder eine Kombination aus tierischen und pflanzlichen Proteins gesteigert werden. Kombinationen wie Bohnen und Mais, Soja und Ei oder Kartoffeln und Milch übersteigen die biologische Wertigkeit eines rein tierischen Proteins.

Kombinationen von Lebensmitteln unterschiedlicher Aminosäurenzusammensetzung ermöglichen eine fett- und cholesterinarme Ernährung und gleichzeitig eine ausreichende Zufuhr hochwertiger Proteine. Gerade Reizdarmpatienten mit einer Fettunverträglichkeit können durch eine geschickte Kombination von Nahrungsproteinen davon profitieren und dadurch genügend Proteine aufnehmen.

Ideale Lebensmittelkombinationen bei Reizdarmsyndrom:

- Kartoffeln + Hühnerei
- Hühnerei + Soja
- Hühnerei + Milch
- Milch + Kartoffeln
- Hühnerei + Mais
- Bohnen + Mais
- Rindfleisch + Kartoffeln
- Hühnerei + Weizen

Ballaststoffe

Eine ballaststoffreiche Kost wird nach dem Konsensusbericht der Deutschen Gesellschaft für Verdauungs- und Stoffwechselkrankheiten in 1999 beim Reizdarmsyndrom vom Obstipations-Typ, vom Diarrhö-Typ und vom Schmerz-Typ mit Stuhlunregelmäßigkeiten probatorisch empfohlen.

Beim reinen Schmerz- oder Bläh-Typ ist die Wirksamkeit eher fraglich und kann die Beschwerden verstärken. Bisher gibt es jedoch noch keine eindeutigen Studien, die eine Wirksamkeit von Ballaststoffen beim Reizdarmsyndrom beweisen. Zu unterschiedlich sind die Verlaufsformen und zu verschieden die individuellen Empfindungen der Betroffenen mit Reizdarmsyndrom.

Die Ballaststoffe sind aufgrund ihrer Wirkungsweise ein wichtiger Bestandteil der Ernährung. Sie erfüllen im Verdauungstrakt unterschiedliche Funktionen und haben Auswirkungen auf den Stoffwechsel. Es werden grundsätzlich zwei Gruppen der Ballaststoffe voneinander unterschieden: wasserlösliche strukturierte (zellulosehaltige) Faserstoffe mit texturabhängiger Wasserbindung (vorwiegend in Kleie, Mais, Weizen, Hafer, Leinsamen) und wasserlösliche Gelbildner (Wasserbindung in Gelen und viskösen Lösungen (Pektine, Mucilaginosa, Hemizellulose, sogenannte Flohsamenpräparate, wie Psyllium, auch ‚Indischer Flohsamen' genannt.

In Bezug auf die Ernährung beim Reizdarmsyndrom und auf den jeweiligen Reizdarm-Typ spielt die Art der Ballaststoffe eine große Rolle. Gelbildner haben einen geringeren Effekt auf Stuhlvolumen und Gewicht. Ballaststoffe können beim Reizdarmsyndrom vom

Schmerz- und/oder Bläh-Typ die Beschwerden verstärken. Wegen der geringeren Blähwirkung und höheren Akzeptanz bei den Betroffenen werden die Gelbildner bevorzugt empfohlen. Bisher gibt es jedoch keine überzeugenden Studien, die die Wirksamkeit von Ballaststoffen auf die Schmerzen und die Stuhlfrequenz beweisen. Hinweise in der Literatur deuten darauf hin, dass im Vergleich zu den Faserstoffen wie Kleie, wasserlösliche Gelbildner weniger fermentativ zersetzt werden und deshalb weniger Gase bilden. Sie wirken eher durch Wasserbindung und werden aus diesem Grund besser akzeptiert als Kleie oder ballaststoffreiche Kost. Gelbildner wie Isphagula, Psyllium, Mucilaginosa beeinflussen die Beschwerden eines Reizdarmsyndroms günstiger als Kleie, obwohl sich bei Faserstoffen und Gelbildner die Stuhlkonsistenz und -frequenz ähnlich verbesserte. Einige ballaststoffreiche Lebensmittel sind z. B. Trockenobst, Schwarzwurzel, Weizenkleie, Vollkornprodukte, Pilze, Artischocken sowie Kohlsorten. Eine Übertragung auf ganze Obst- und Getreidesorten stellt ein Problem dar, da diese immer aus verschiedenen Ballaststoffgruppen zusammengesetzt sind.

Lebensmittelzusatz-, Konservierungsstoffe und Geschmacksverstärker

Mit der Entwicklung der Wohlstandsgesellschaft, unter dem zunehmenden Konsum industriell verarbeiteter Nahrungsmittel, hat sich das Reizdarmsyndrom etabliert. Ein verändertes Ernährungsverhalten, unter Bevorzugung von Industrienahrung, Fast Food und Soft Drinks, hat zu einer Zunahme des Reizdarmsyndroms geführt. Häufig verzehrte **Lebensmittelzusatzstoffe** können bei Patienten mit Reizdarmsyndrom allergische Reaktionen hervorrufen.

Konservierungsstoffe können allergische Reaktionen beim Reizdarmsyndrom auslösen. Viele Reizdarmpatienten reagieren auf die Konservierungsstoffe E 450 allergisch. E 450 kennzeichnet den Lebensmittelzusatzstoff Phosphat.

Phosphate sind als Lebensmittelzusatzstoffe sehr vielseitig und werden als Antioxidationsmittel, Säuerungsmittel, Schmelzsalz, Trennmittel, Backtriebmittel, Emulgator und als Konservierungsstoff von der Lebensmittelindustrie eingesetzt. Phosphate kommen reichlich in eiweißhaltigen Nahrungsmitteln vor, wie Wurst, Fleisch und Käse. Besonders unentbehrlich sind die Phosphate in der Brühwurst- und Schmelzkäseherstellung und man setzt sie auch zur Herstellung von Kondens- und Trockenmilch, Sahneprodukten und Eiscreme ein. Aber auch Cola, Nüsse, Hülsenfrüchte, Obst und Gemüse enthalten in großen Mengen Phosphate. Treten bei Reizdarmpatienten Reaktionen nach der Mahlzeit auf, sollte ein Auslassversuch dieser Lebensmittel vorgenommen werden.

Geschmacksverstärker finden oft Anwendung bei der Herstellung von Fertiggerichten, Kleingebäck und Tütensuppen, da diese oft in ihrem Eigengeschmack abgeschwächt sind. Viele Reizdarmpatienten zeigen allergische Reaktionen auf den Geschmacksverstärker Natriumglutamat, welcher vielen asiatischen Gerichten zugesetzt wird. Natriumglutamat kommt auch in natürlichen Nahrungsmitteln vor, wie Pilzen, reifen Tomaten, Parmesan oder Algen (sogenannte Laminaria Japonica). Auch Kaliumglutamat und Kalziumglutamat können allergische Reaktionen bei Patienten mit Reizdarmsyndrom auslösen.

Gewürze

Beim Reizdarmsyndrom können scharfe Gewürze, wie Pfeffer, Chili und Curry Beschwerden auslösen, da sie zu einer Irritation der Schleimhaut des Dünndarms führen. Gelangen scharfe Gewürze, auch als Reizstoffe bezeichnet, in den Dünndarm, reagiert dieser, es kommt zu einer beschleunigten Passage des Darminhaltes. Die Verarbeitung der Nährstoffe im Dickdarm führt zu Beschwerden beim Reizdarmsyndrom. Durch die dortige bakterielle Fermentation entstehen Gase, die den Darm aufblähen und ein Völlegefühl verursachen, welches sich schmerzhaft über das Abdomen ausweiten kann.

Richtig trinken bei Reizdarmsyndrom

Wasser ist der wichtigste Bestandteil der Ernährung und für die Aufrechterhaltung sämtlicher Lebensvorgänge unverzichtbar. Auf eine ausreichende Flüssigkeitszufuhr ist auch beim Reizdarmsyndrom zu achten, besonders bei einer ballaststoffreichen Ernährung. Auch der Diar-

rhö-Typ und der Obstipations-Typ profitieren von einer höheren Flüssigkeitszufuhr.

Eine unzureichende Flüssigkeitszufuhr beeinträchtigt die Stoffwechselfunktionen des Körpers. Beim Diarrhö-Typ gehen weitaus größere Mengen Wasser verloren, und es kommt zu Mineralstoffverlusten (Natrium, Kalium, Kalzium und Magnesium). Um den Wasser- und Mineralstoffhaushalt des Körpers in ein Gleichgewicht zu bringen, muss die Flüssigkeitszufuhr erhöht werden. Dafür eignen sich besonders stille und kohlensäurereduzierte Mineralwässer mit vielen Mineralsalzen.

Auch zu kalte oder zu heiße Getränke können die Diarrhö verstärken. Eine optimale Temperatur wäre zimmerwarm oder lauwarm.

Ein Flüssigkeitsmangel kann die Ursache für Verstopfung sein. Deshalb sollte der Obstipations-Typ auf eine ausreichende Flüssigkeitszufuhr (mindestens zwei Liter) achten. Bei einer erhöhten Ballaststoffaufnahme muss parallel dazu die Flüssigkeitsmenge gesteigert werden. Ist die Flüssigkeitszufuhr zu gering, kann es zu Obstipation kommen und der Stuhlgang ist durch den harten Stuhl erschwert. Auch hier eignen sich besonders stille und kohlensäurereduzierte Mineralwässer. Kohlensäurehaltige Getränke werden von Betroffenen mit Reizdarm meistens nicht gut vertragen. Ungesüßte Kräutertees (Pfefferminze, Ringelblumen, Kamillen, Koriander, Kümmel), warm oder kalt, sind auch zu empfehlen. Dagegen enthält grüner und schwarzer Tee oft zu viel Koffein, wie auch die Colagetränke. Fruchtsäfte und Fruchtsaftgetränke sind geeignet, sollten aber aufgrund ihres zu oft hohen Zucker- und Säuregehaltes stark mit Wasser verdünnt werden. Reizdarmpatienten, die durch kohlensäurehaltige Mineralwässer keine Blähungen oder ein aufgeblähtes Abdomen bekommen, können mit solch einem Mineralwasser Verdauungsprobleme vermindern. Die Kohlensäure regt die Darmperistaltik an und kann dadurch eine Obstipation minimieren, welches bei Reizdarmpatienten vom Obstipations-Typ von Vorteil sein kann.

Genussmittel – Kaffee, Alkohol und Nikotin

Gelegentliche Genussmittel stellen für einen gesunden Organismus kein großes Problem dar. Beim Reizdarmsyndrom können Genussmittel wie Koffein, Nikotin und Alkohol gewisse Mechanismen

im Gastrointestinaltrakt auslösen und somit die Symptomatik verstärken.

Koffein kann ein Hauptauslöser bei einem Reizdarmsyndrom sein, da es die Magen- und Darmschleimhäute reizt und zu einer verstärkten Produktion von Magensäure führt. Außerdem regt es die Darmperistaltik an, was für Betroffene mit Diarrhö von Nachteil ist. Für den Obstipations-Typ kann Koffein von Vorteil sein, da dieses den Stuhl weicher macht und somit die Defäkation erleichtert.

Alkohol sollte nur in kleinen Mengen und vor allem niedrigprozentig genossen werden. Ein bis zwei Gläser Wein oder Bier pro Tag sind bei Vertragen akzeptabel. Hochprozentige Spirituosen reizen besonders die Magen- und Darmschleimhäute. Zudem regt Alkohol die Darmperistaltik an, dessen sollten sich besonders der Diarrhö-Typ bewusst sein.

Nikotin wirkt auf das nicht willentlich beeinflussbare vegetative Nervensystem. Es steigert die Herzfrequenz, fördert die Ausschüttung von Magensäure, regt die Darmperistaltik an und reduziert noch zusätzlich den Geruchs- und Geschmackssinn.

Richtig essen bei Divertikeln und Hämorrhoiden

Bei Divertikeln und Hämorrhoiden sollte eine Verstopfung vermieden und für eine regelmäßige Stuhlentleerung gesorgt werden. Die Ernährungsweise sollte deshalb ballaststoffreich sein. Die Einnahme von Ballaststoffkonzentraten und Milchzucker ist sinnvoll, damit der Stuhlgang weich ist und leicht – ohne Druck und Pressen – entleert werden kann.

15 Tipps für das tägliche Leben

Auf den folgenden Seiten sind für Sie 15 Tipps zusammengestellt. Diese praxisbezogenen Ratschläge sollen Ihnen helfen, Ihr Essen und Trinken in die richtige Bahn zu lenken. Sie sollen einerseits dazu dienen, Ihnen die Auswahl zu erleichtern, und andererseits, dass der Genuss des Essens nicht verloren geht. Einige Tipps sind für Sie und Ihre ganze Familie wichtig, denn Sie schützen Ihre Gesundheit.

Versuchen Sie nur langsam und schrittweise Ihren Speiseplan umzustellen. Wer von einer relativ ballaststoffarmen Kost und Abführmitteln auf eine ballaststoffreiche Kost wechselt, erlebt sonst sein „geblähtes Wunder". Besprechen Sie den Weg „Weg vom Abführmittel und hin zur darmgesunden Ernährung" mit Ihrem behandelnden Arzt. Bei einer langsamen Umstellung auf ballaststoffreiche Kost und einem behutsamen Ausschleichen (Verringerung der Dosis) der Abführmittel und lassen Sie sich von Ihrem Arzt oder dem Apotheker beraten, welche Abführmittel zumindest nicht schädlich sind. Ihr Darm wird freundlich darauf reagieren. Nach Abführmittelge- bzw. -missbrauch empfehlen Diätassistenten eine Ballaststoffmenge von täglich mindestens 60 Gramm!

1 Um mehr darmgesunde Ballaststoffe aufzunehmen, probieren Sie einmal Gemüse und Kräuter (z. B. Tomatenscheiben mit Schnittlauchröllchen und frischem Basilikum) als alternativen, kalorienarmen, aber ballaststoff- und kaliumreichen Brotbelag. Gemüse und Kräuter enthalten viele Vitamine und Mineralien, aber kaum Fett. Außerdem schmecken sie gut und machen satt. Sie eignen sich auch hervorragend als Ersatz für Butter oder Margarine. Legen Sie ein Salatblatt oder saftiges Gemüse anstatt Aufstrichfett unter den Wurst- oder Käsebelag.

2 Essen Sie sich satt an pflanzlichen Nahrungsmitteln, denn nur Pflanzen liefern die darmgesunden Ballaststoffe. Getreu dem Motto des Vereins zur Förderung der gesunden Ernährung und Diätetik (VFED): „Mehr Pflanzliches und weniger Tierisches essen ist gesund!" Die Mengen sind einfach einzuhalten. Essen Sie täglich mindestens 500 g Obst (z. B. 3 mittelgroße Äpfel und 1 Kiwi), 500 g

Gemüse (z. B. 1 große Portion – halber Teller voll – Möhrengemüse, ein großer Tomatensalat – ein Teller voll), 200 g Kartoffeln oder Vollkornreis/-nudeln sowie 4 Scheiben Vollkornbrot.

3 Trinken Sie direkt nach dem Aufstehen ein Glas kaltes Mineralwasser, um den gastrokolischen Reflex auszulösen. Sehr erfolgreich ist auch ein Glas kalter Fruchtsaft mit 1 EL Milchzucker direkt nach dem Aufstehen.

4 Der optimale Verdauungscocktail besteht aus 1 Glas Mineralwasser, 1 Schnapsglas Pflaumensaft, 1 Schnapsglas Kefir, 1 Schlapsglas Apfelsaft, etwas Zucker oder Süßstoff und 1–2 EL Milchzucker. Damit bringen Sie Ihren Darmtrakt in Schwung.

5 Ein Joghurt – am besten mit lebenden Milchsäurebakterien (Probionten), aber wenig Fett und Zucker eignet sich als kalorienarme, ballaststoffreiche, aber vor allem leckere Zwischenmahlzeit, wenn Sie frisches Obst, eine Handvoll gehackte Nüsse sowie etwas Leinsamen und Milchzucker dazugeben. Damit die enthaltenen Ballaststoffe gut aufquellen können, ist es notwendig und wichtig, dass Sie ¼ Liter Flüssigkeit dazu trinken.

6 Probieren Sie zum Mittagessen auch mal ein vegetarisches, ballaststoffreiches Gericht. Eine Gemüseplatte aus Spinat mit wenig saurer Sahne oder Joghurt, jungen Mohrrüben mit reichlich frischem Dill, einer Grilltomate mit Knoblauchwürfelchen und Schnittlauchröllchen und gedünsteten Champignon-Schalotten-Gemüse mit Petersilie. Dazu passt getoastetes Vollkornbrot oder ein Risotto aus Vollkornreis. Bei so vielen Ballaststoffen, Vitaminen und Mineralstoffen, aber wenig Fett, Cholesterin und Purinen jubiliert Ihr Magen-Darm-Trakt und Stoffwechsel.

7 Versuchen Sie doch einmal gekochte Roggen-, Weizen-, Dinkel- oder Hirsekörner als Beilage zum Mittag. Die Zubereitung ähnelt der von Reis. Die Garzeit beträgt rund 35 bis 45 Minuten. Mittlerweile sind auch aromatische, leckere Getreidemischungen im Reformhaus erhältlich. Vollkorngetreide ist eine Wohltat für den Darm, den Stoffwechsel und die Waage, denn Vollkorngetreide macht satt, ist kalorienarm, senkt den Cholesterinspiegel und macht das Abnehmen leicht.

8 Trinken Sie jeden Tag mindestens 2, besser 2,5 Liter Flüssigkeit. Das sind z. B. 4 Tassen Früchtetee (500 ml), 2 Gläser Tomatensaft (schützen laut Bundesforschungsanstalt für Ernährung vor Krebs, 400 ml), 2 Gläser Kefir (400 ml), 1 Glas Orangensaft (200 ml) und 1 Flasche Mineralwasser (700 ml). Ihr ganzer Körper wird es Ihnen danken.

9 Ein Bäckermeister hat einmal zu Recht festgestellt, dass bei Weißbrot, Brötchen oder Graubrot nur der Belag schmeckt. Bei Vollkornbrot aber schmeckt das Brot. Machen Sie sich diesen geschmacklichen Vorteil zunutze und nutzen Sie gleichzeitig den hohen Ballaststoffgehalt für Ihren Darm. Denken Sie daran, 4 bis 5 Scheiben Vollkornbrot decken bereits Ihren Bedarf an Ballaststoffen ab. Und dick macht Vollkornbrot nicht – höchstens, wenn Sie es mit viel Butter und fetter Wurst oder Käse belegen.

10 Mit fluoridiertem Jodsalz mit Folsäure beugen Sie jodmangelbedingten Schilddrüsenerkrankungen und fluoridmangelbedingter Karies vor. Aber: Salzen Sie nicht zuviel. Nachsalzen ist in der Regel nicht erforderlich. Probieren Sie immer, bevor Sie nachsalzen.

11 Salate sind gesund – nicht nur für den Darm. Aber ein Salat ist nur dann gesund, wenn das Dressing nicht aus der Flasche kommt oder schlicht Mayonnaise oder Remoulade ist. Nachfolgend zwei Grundrezepte für Salatdressing.

Grundrezept Essig-Öl-Marinade (1 Portion):

- 1 EL Öl (z. B. Walnuss-, Haselnuss- oder Kürbiskernöl)
- 1 EL Essig (z. B. Himbeer-, Champagner- oder Sherryessig)
- 1 EL Wasser
- ½ TL Senf (z. B. Dijonsenf)
- ½ kleine Zwiebel
- evtl. ½ Knoblauchzehe
- frisch gemahlener bunter Pfeffer
- fluoridiertes Jodsalz
- Zucker oder Süßstoff nach Belieben
- frisch gehackte Kräuter

Essig und Öl mit Wasser und den Gewürzen, der Zwiebel (oder Schalotte) sowie den gewaschenen Kräutern zu einem Dressing vermengen.

Grundrezept Joghurt-Marinade (1 Portion):

- 2 EL Naturjoghurt, Kefir, Dickmilch, 1,5 % Fett, oder Buttermilch
- 1 TL Walnussöl
- 1 EL Zitronensaft
- 1 EL Wasser
- ½ kleine Zwiebel
- evtl. ½ Knoblauchzehe
- frisch gemahlener weißer Pfeffer
- fluoridiertes Jodsalz
- Zucker oder Süßstoff nach Belieben
- frisch gehackte Kräuter

Joghurt, Öl, Zitronensaft mit Wasser und den Gewürzen, der Zwiebel (oder Schalotte) sowie den gewaschenen Kräutern zu einem Dressing vermengen.

12 Hülsenfrüchte aß man früher regelmäßig. Heute leider nicht mehr. Dabei sind Hülsenfrüchte echte Ballaststoffbomben mit reichlich Vitaminen und Mineralstoffen. Und sie sind nahezu fettfrei und kalorienarm. Also: Essen Sie regelmäßig leckere Hülsenfruchteintöpfe. Wie wär´s mit einem süßsaurem Linseneintopf oder einer weißen Bohnensuppe mit feinen Tomatenwürfeln?

13 Milchsäurebakterien sind wichtige Bestandteile einer gesunden Darmflora. Eine gesunde Darmflora schützt den Körper vor krankmachenden Eindringlingen. Um eine gesunde Darmflora aufzubauen, sollten Sie täglich 1 Glas Sauermilchprodukte sowie eine Portion Joghurt mit probiotischen Kulturen, aber wenig Fett und Zucker verzehren. Auch Sauerkraut und Sauerkrautsaft sowie andere milchsaure Gemüse und Kefir bringen die Darmflora auf Touren.

14 Meiden Sie Nahrungsmittel und Getränke, die den Darm träge machen. Dazu gehören Rotwein, größere Mengen Kakao oder Schokolade, Schwarztee oder Weißmehlprodukte.

15 Pflaumensaft ist seit Jahrhunderten als Darmregulant bekannt. Da Pflaumensaft süß schmeckt, können Sie ihn bei Verstopfungsproblematik als Süßungsmittel z. B. für Müsli, Kompott oder Obstsalat einsetzen. Aber ein kleines Schnapsgläschen voll reicht völlig aus. Pflaumensaft erhalten Sie im Reformhaus, der Drogerie oder in der Apotheke.

LECKERE, BALLASTSTOFFREICHE FRÜHSTÜCKE

Ein guter Tag beginnt mit einem guten Frühstück. Wer täglich richtig frühstückt, verfügt auch über eine optimale Verdauung, denn durch den gastrokolischen Reflex ist der Gang zur Toilette ganz einfach. Gelangt die Nahrung in den Magen, löst sie einen Reflex aus und die Nerven melden dem Darm, dass er den Weg frei machen muss. Das ist der Grund, warum viele Menschen morgens den Weg zur Toilette finden.

Damit Sie einen guten Start in den Tag haben, ist es wichtig, ein vollwertiges, ballaststoffreiches und genussvolles Frühstück ohne Stress zu sich zu nehmen.

Denken Sie daran, dass Sie ausreichend zum Frühstück trinken. Vollkornbrötchen, Vollkornbrot oder ein leckeres Müsli mit frischem Obst und Joghurt mit lebenden Milchsäurebakterien machen den Darm gesund und fit.

Frischkornmüsli

braucht etwas mehr Zeit

Zutaten für 2 Portionen
100 g Weizenkörner, geschrotet
Zitronensaft
2 TL Honig oder einige Tropfen Süßstoff
2 mittelgroße säuerliche Äpfel, ungeschält
2 Trockenpflaumen
2 EL Leinsamen
2 EL Haferkleie
Zimt
2 Becher Kefir, fettarm (à 150 g)
Zubereitungszeit: 10 Minuten **Einweichzeit: 10 Stunden**

Zubereitung

Die frisch geschroteten Weizenkörner über Nacht abgedeckt im Kühlschrank in Wasser mit etwas Zitronensaft und Honig oder Süßstoff einweichen.

Vor dem Zubereiten des Müslis Wasser abgießen. Apfel waschen, Kerngehäuse ausstechen und grob raffeln, mit Zitronensaft beträufeln und Trockenpflaume klein schneiden. Alle Zutaten miteinander vermischen und abschmecken.

Tipps & Hinweise

Wer nicht regelmäßig Müsli isst, reagiert oft mit Blähungen. Gewöhnen Sie Ihren Magen-Darm-Trakt langsam an eine ballaststoffreiche Ernährung.

Eine Portion enthält:

393 kcal/1643 Kilojoule

16 g Eiweiß

9 g Fett

61 g Kohlenhydrate

16 g Ballaststoffe

Tipps & Hinweise

Frischkornmüsli ist eine Ballaststoffbombe! Verwenden Sie Obst der Saison (besonders lecker: Erdbeeren) und variieren Sie das Milchprodukt nach Geschmack. Trinken Sie mindestens drei Tassen Tee oder Kaffee zum Müsli. Ihr Darm und Ihr Körper freuen sich darüber.

Bei einer hartnäckigen Verstopfung hilft es Ihnen, wenn Sie 2 EL Milchzucker zufügen und die Leinsamenmenge erhöhen.

Ballaststoffmüsli mit frischem Hafer und frischen Beeren

braucht etwas mehr Zeit

Zutaten für 2 Portionen
2 kleine saure Äpfel
2 kleine Becher Naturjoghurt, 3,5 % Fett (à 150 g)
8 EL Hafer, grob geschrotet
1 Pr. Zimt
1 Tropfen Vanillearoma
1 EL Honig oder einige Tropfen Süßstoff
1 EL Zitronensaft
2 EL Kürbiskerne
50 g frisches oder tiefgekühltes Beerenobst (z. B. Himbeeren oder Johannisbeeren)
Zubereitungszeit: 10 Minuten **Einweichzeit: 10 Stunden**

Zubereitung

Die Äpfel waschen, das Kerngehäuse entfernen und die Äpfel grob raspeln.

Das Obst mit dem Joghurt, Gewürze, dem Haferschrot (über Nacht zugedeckt im Kühlschrank in abgekochtem Wasser ziehen lassen und morgens absieben), dem Zitronensaft und dem Honig mischen.

Das Müsli mit den trocken angerösteten Kürbiskernen und dem Beerenobst verzieren.

Eine Portion enthält:
519 kcal/2169 Kilojoule
18 g Eiweiß
20 g Fett
66 g Kohlenhydrate
9 g Ballaststoffe

Tipps & Hinweise

Wenn die Verdauung richtig streikt, fügen Sie dem Müsli 3 EL Haferkleie und 1 EL Leinsamen sowie Milchzucker zu und trinken dazu zwei Gläser Mineralwasser mit jeweils einem Schnapsglas voll Pflaumensaft. Das hilft auch dem trägsten Darm wieder auf die Sprünge.

Haben Sie frische Pfefferminze oder Zitronenmelisse im Garten oder Balkonkasten? Schneiden Sie die gewaschene Zitronenmelisse oder Pfefferminze in feine Streifen und vermischen sie mit dem Joghurt. Dann wird das Müsli zum Geschmackserlebnis.

Das Müsli deckt fast ein Drittel des Ballaststoffbedarfs. Vergessen Sie nicht, mindestens drei Tassen Tee oder Kaffee dazu zu trinken.

Kräuter-Buttermilch-Brot

etwas aufwendiger

Zutaten für 1 Brot
200 g Weizenschrot oder Weizenmehl, Type 1050
500 ml Buttermilch
1 Würfel frische Hefe
1 Pr. Zucker
2 TL fluoridiertes Jodsalz
½ TL Koriander
½ TL Estragon
½ TL Dillspitzen
600 g Weizenvollkornmehl

Zubereitungszeit: 20 Minuten
Gehzeit: 1 Stunde und 30 Minuten
Backzeit: 50 Minuten

Zubereitung

Schrot in der lauwarmen Buttermilch einweichen und mit der Hefe verrühren. Den Zucker dazugeben.

Salz, Kräuter und Mehl dazugeben und alles sehr kräftig kneten.

Den Teig im vorgewärmten Backofen 30 Minuten abgedeckt gehen lassen.

Den Teig noch einmal kräftig kneten, zu einem länglichen Laib formen oder in eine mit Haferflocken ausgestreute Kastenform füllen.

Das Brot nochmals abgedeckt an einem warmen Ort 1 Stunde gehen lassen und dann im vorgeheizten Backofen bei 220 °C ca. 50 Minuten backen.

Ein Brot enthält:

2805 kcal/11724 Kilojoule
125 g Eiweiß
19 g Fett
521 g Kohlenhydrate
91 g Ballaststoffe

Eine Scheibe Brot enthält (bei ca. 26 Scheiben/Brot):

108 kcal/4509 Kilojoule
5 g Eiweiß
1 g Fett
20 g Kohlenhydrate
4 g Ballaststoffe

Tipps & Hinweise

Richtig in Schwung kommt Ihr Darmtrakt, wenn Sie dem Teig einige EL Milchzucker beifügen. Lassen Sie sich das Mehl frisch im Reformhaus mahlen. Die Verträglichkeit verbessert sich, wenn Sie das Mehl besonders fein mahlen lassen.

Besonders gut schmeckt das Brot, wenn Sie 1 Bund frische Petersilie und Schnittlauch fein geschnitten zum Teig geben.

Vitales Sonntagsfrühstück

geht schnell

Zutaten für 2 Portionen
Für das Müsli:
8 EL Vollkornhaferflocken
2 EL Leinsamen
2 EL Sesamsamen
Süßstoff oder Zucker nach Geschmack
Zimt
Vanillearoma
1 Apfel
1 Birne
Zitronensaft
2 Becher Naturjoghurt, 0,1 % Fett (à 150 g)
2 Erdbeeren
1 Grapefruit (ca. 300 g)
Süßstoff oder Zucker nach Geschmack
Für den Kefir-Shake:
1 Glas fettarme Milch, 1,5 % Fett (200 ml)
1 Glas Kefir (100 ml)
1 Grapefruit (ca. 300 g)
Süßstoff oder Zucker nach Geschmack
2 Kiwischeiben (ca. 10 g)
Für den Toast:
2 Scheiben Vollkorntoastbrot (50 g)
2 TL Butter oder Diätmargarine
2-4 TL Himbeerkonfitüre (20–40 g)
Für die Getränke:
4 Becher Tee oder Kaffee (à 200 ml)
Kondensmilch, 4 % Fett
Süßstoff, Zucker und/oder Zitronensaft nach Geschmack
Zubereitungszeit: 20 Minuten

Zubereitung

Die Haferflocken, den Leinsamen und den Sesam trocken in einer Pfanne anrösten, süßen und mit Zimt und Aroma vermischen.

Den Apfel und die Birne gründlich heiß waschen, entkernen und in mundgerechte Stücke schneiden und mit Zitronensaft beträufeln. Alle Zutaten mischen und das Joghurt darüber geben. Mit je einer Erdbeere dekorieren.

Die Grapefruit mit einem Grapefruitmesser vorbereiten und nach Geschmack süßen.

Milch, Kefir, und ausgepressten Saft der Grapefruit mit einem Mixstab pürieren. Nach Geschmack süßen und je ein Glas mit je einer eingeschnittenen Kiwischeibe dekorieren.

Vollkorntoast toasten, mit Streichfett und Konfitüre bestreichen.

Das Frühstück enthält:

676 kcal/2826 Kilojoule
25 g Eiweiß
13 g Fett
103 g Kohlenhydrate
14 g Ballaststoffe

Vollkornbrot

braucht etwas mehr Zeit

Zutaten für 1 Brot
100 g Weizenkörner
1 ½ bis 2 Hefewürfel
1 Pr. Zucker
1,25 kg Weizenvollkornmehl, nicht zu fein gemahlen
850 ml lauwarmes Wasser
je 1 TL gemahlenen Fenchel, Kümmel, Koriander
2 TL fluoridiertes Jodsalz
1 Knoblauchzehe
ca. 100 g Weizenvollkornmehl zum Einstreuen
Zubereitungszeit: 20 Minuten **Einweichzeit: 10 Stunden** **Gehzeit: 60 Minuten** **Backzeit: 1 Stunde und 20 Minuten**

Zubereitung

Weizenkörner über Nacht in Wasser abgedeckt im Kühlschrank einweichen.

Die Hefe zerbröseln, eine Prise Zucker dazugeben und mit etwas lauwarmem Wasser glatt anrühren. Dann erst das restliche lauwarme Wasser, das gesiebte Mehl, die Gewürze, die sehr fein gehackte Knoblauchzehe und ganz zum Schluss die abgetropften Weizenkörner unterarbeiten.

Den Teig auf einer mit Mehl bestäubten Arbeitsfläche gründlich durchkneten. Zu einer Kugel formen und zugedeckt an einem warmen Ort 30 Minuten gehen lassen. Danach den Teig nochmals kurz und kräftig durchkneten und zu einem Laib formen. Auf ein mit Backpapier ausgelegtes Backblech legen und nochmals mit einem feuchten Tuch abgedeckt an einem warmen Ort 30 Minuten gehen lassen. Dann auf der zweiten Einschubleiste von unten abbacken. Zuerst 20 Minuten bei 250 °C und dann weitere 60 Minuten bei 175 °C.

Nach dem Backen sofort auf ein Gitter zum Auskühlen legen, damit sich an der Unterseite keine Stauhitze bilden kann.

Tipps & Hinweise

Um den Ballaststoffgehalt noch zu erhöhen, können Sie dem Teig 3–4 EL Leinsamen und 3 EL Mohnsamen beifügen. Anstatt der Gewürze und der Knoblauchzehe können Sie auch getrocknete, kleingeschnittene Früchte zufügen. So erhalten Sie ein süßes Vollkornbrot, das frisch getoastet hervorragend duftet und schmeckt.

Ein Brot enthält:

4480 kcal/18753 Kilojoule

174,4 g Eiweiß

29,3 g Fett

1043,6 g Kohlenhydrate

150,8 g Ballaststoffe

Eine Scheibe (ca. 50 g) enthält:

112 kcal/468 Kilojoule

4 g Eiweiß

1 g Fett

26 g Kohlenhydrate

4 g Ballaststoffe

Möhrenpfannkuchen mit Haselnüssen

Pikantes zum Frühstück

Zutaten für 2 Portionen
200 g Möhren
2 EL Weizenvollkornmehl
1 EL Magerquark (ca. 30 g)
1 Prise Gemüsebrühe
1 EL Leinsamen
1 EL Sesam
1 Ei
1 TL gehackte Petersilie
fluoridiertes Jodsalz
¼ TL Backpulver
weißer Pfeffer
1 EL gehackte Haselnüsse
1 EL Sonnenblumenöl zum Braten
Zubereitungszeit: 20 Minuten

Zubereitung

Möhren waschen und reiben. Mit Mehl, Quark, 2 EL Wasser, Gemüsebrühe und trocken angerösteten Samen sowie dem Ei vermengen. Gewürze, Nüsse und Backpulver untermischen und 4 Pfannkuchen von beiden Seiten goldgelb braten.

Eine Portion enthält:
234 kcal/978 Kilojoule
11 g Eiweiß
15 g Fett
13 g Kohlenhydrate
8 g Ballaststoffe

Tipps & Hinweise

Mittags können Sie dazu frischen Blattspinat mit Muskatsahnesoße essen. Zum Frühstück einfach ein kleiner Obstsalat oder ein Apfel-Zimt-Joghurt.

Hirse-Müsli

mal was anderes

Zutaten für 2 Portionen
2 gut gehäufte EL Hirse (50 g)
1 gehäufter EL Rosinen
2 EL Orangensaft
½ EL Zitronensaft
125 ml Milch, 1,5 % Fett
1 kleine Pr. fluoridiertes Jodsalz
½ TL Honig
1 TL gehackte Mandeln (10 g)
½ EL Hirseflocken
2 EL Sahne (60 ml)
1 mittelgroßer Apfel
1 mittelgroße Banane
2 TL Sonnenblumenkerne (10 g)
Zubereitungszeit: 20 Minuten **Quellzeit: 25 Minuten**

Zubereitung

Die Hirse und Rosinen heiß abwaschen. 1 TL Rosinen mit den beiden Säften vermischen.

Die Milch mit den Rosinen, einer Prise Salz und dem Honig zum Kochen bringen und dann zugedeckt 25 Minuten quellen lassen.

Die Hirse abkühlen lassen. Mandeln und Hirseflocken unterrühren. Die Sahne halbsteif schlagen und unterheben. Den Apfel schälen, entkernen und würfeln. Die Banane schälen und in Scheiben schneiden.

Die Früchte mit der Saftmischung vermengen. Das Müsli und das Obst auf zwei Tellern verteilen und mit den Sonnenblumenkernen bestreuen.

Eine Portion enthält:

427 kcal/1785 Kilojoule
9 g Eiweiß
19 g Fett
63 g Kohlenhydrate
6 g Ballaststoffe

Tipps & Hinweise

Hirse ist reich an wertvollen Mikronährstoffen. Wie andere Vollkorngetreide, enthält Hirse auch reichlich Eisen und Zink.

Bananenschaum-Müsli

gelingt leicht

Zutaten für 2 Portionen
2 gut gehäufte EL kernige Haferflocken (50 g)
1 EL Kokosflocken (15 g)
1 Stückchen Ingwerwurzel
1 mittelgroße Orange
1 mittelgroße Banane
½ großer Becher Dickmilch (250 g)
Zucker oder Süßstoff nach Belieben
1 Tropfen Vanillearoma
1 Pr. Zimt
Zubereitungszeit: 20 Minuten

Zubereitung

Die Haferflocken zusammen mit den Kokosflocken kurz trocken in einer Pfanne anrösten.

Die Ingwerwurzel schälen und fein reiben. Die Orange schälen, in Stücke schneiden, mit dem Ingwer und den angerösteten Haferflocken mischen.

Die Banane schälen und mit der Dickmilch pürieren. Nach Geschmack süßen und Vanillearoma sowie Zimt dazugeben. Kurz mit dem Pürierstab aufschlagen. Die Müslimischung auf zwei Tellern verteilen und mit der Bananenmilch begießen.

Eine Portion enthält:

308 kcal/1287 Kilojoule
10 g Eiweiß
11 g Fett
52 g Kohlenhydrate
79 g Ballaststoffe

Tipps & Hinweise

Ein ganz besonderes Geschmackserlebnis erhalten Sie, wenn Sie noch 1 TL Sesamsamen trocken anrösten und über das fertige Müsli streuen. Darüber wenig Zitronensaft und etwas Zimt stäuben.

Anstatt Bananen können Sie je nach Jahreszeit auch Erdbeeren, Himbeeren oder Orangenfilets verwenden.

Früchtebrötchen

gut vorzubereiten

Zutaten für 15 Stück
½ Hefewürfel
2½ Tassen lauwarme Milch, 3,5 % Fett
50 g zerlassene Diätmargarine
500 g Dinkelvollkornmehl
3 EL Zucker
1 Pr. fluoridiertes Jodsalz
75 g getrocknete Aprikosen
75 g getrocknete Pflaumen
100 g gehackte Sonnenblumenkerne
½ TL Zimt
Mark einer ausgekratzten Vanilleschote
2 Tropfen Buttervanillearoma

Zubereitungszeit: 20 Minuten
Gehzeit: ca. 40 Minuten
Backzeit: 25 Minuten

Zubereitung

Die Hefe in der lauwarmen Milch auflösen und dann mit der Margarine, dem gesiebten Mehl, Salz und Zucker zu einem geschmeidigen Teig verkneten. Zuletzt die kleingeschnittenen Früchte und Gewürze unterarbeiten.

Den Teig abgedeckt an einem warmen Ort mindestens 20 Minuten gehen lassen, dann einen gleichmäßigen Strang formen und in 15 Scheiben schneiden.

Diese zu Brötchen formen und nochmals abgedeckt (mit einem nassen Tuch) mindestens 20 Minuten gehen lassen, bis sich das Volumen verdoppelt hat.

Im vorgeheizten Backofen bei 200 °C ca. 25 Minuten backen.

Ein Brötchen enthält:

222 kcal/928 Kilojoule
7 g Eiweiß
8 g Fett
36 g Kohlenhydrate
4 g Ballaststoffe

Tipps & Hinweise

Anstatt getrockneter Pflaumen und Aprikosen, die die Verdauung richtig ankurbeln, können Sie auch Bananenchips, Rosinen und getrocknete Apfelscheiben verwenden. Anstelle von 2½ Tassen Milch können Sie auch 2 Tassen Milch und eine halbe Tasse Pflaumensaft mischen und darin die Hefe auflösen.

Diabetiker können anstatt Zucker auch 2½ EL Fruchtzucker verwenden. Direkt nach dem Backen können Sie die Brötchen mit etwas Wasser bestreichen und sie sofort in trocken angerösteten Sesamsamen wälzen.

PIKANTE, HERZHAFTE MITTAGESSEN

Es muss nicht immer Fleisch sein. Genießen Sie unsere herzhaften Alternativen zu Fleisch, die kaum belasten und weder das Kalorienkonto noch den Darm überlasten. Viel besser für Ihren Körper sind Suppen, Aufläufe oder Gemüse-Lasagne. Besonders gut geeignet sind aromatische Hülsenfruchtgerichte, denn Hülsenfrüchte sind wahre Ballaststoffbomben. Gemüse ist kalorienarm, so dass Sie immer reichlich zugreifen können. Ein leckeres vegetarisches Gericht ist eine wahre Vitamin-, Mineralstoff- und Ballaststoffbombe, das den Darm in Aktion hält, nicht zu B(a)uche schlägt oder langweilig schmeckt.

Mediterrane Gemüsepfanne mit Feta, Sesam-Parmesan-Reis und Tomaten-Mozzarella-Salat

etwas aufwendiger

Zutaten für 2 Portionen
Für die Gemüsepfanne:
1 kleine Zucchini
2 mittelgroße Tomaten
1 gelbe Paprika
2 schwarze Oliven
1 grüne Olive
1 TL Kapern
1 Knoblauchzehe
1 kleine rote Zwiebel
1 TL Olivenöl
1 Spritzer Balsamessig
1 Zweig Thymian, 2 Basilikumblätter, etwas Oregano
1 Bund Petersilie
2 EL Schnittlauchröllchen
fluoridiertes Jodsalz, bunter Pfeffer
1 Scheibe Fetakäse (50 g)

Für den Reis:

1 Tasse Naturreis
Gemüsebrühe
2 TL Sesamsamen
2 TL frisch geriebener Parmesankäse

Für den Tomaten-Mozzarella-Salat:

2 mittelgroße Tomaten
2 EL Balsamicoessig
½ rote Zwiebel
1 TL Olivenöl
fluoridiertes Jodsalz
bunter Pfeffer
Zucker oder Süßstoff nach Belieben
3 dünne Scheiben Mozzarella
Schnittlauchröllchen
1 EL Balsamicoessig

Zubereitungszeit: 45 Minuten
Garzeit: 50 Minuten
Marinierzeit: 30 Minuten

Zubereitung

Zucchini, Tomaten und Paprika waschen, putzen und in mundgerechte Stücke teilen.

Die Oliven, Kapern, Knoblauchzehe und Zwiebel grob hacken.

Die Gemüse in heißem Olivenöl anbraten, einen Spritzer Balsamicoessig dazugeben. Die frisch gehackten Kräuter und Gewürze in die Pfanne geben und kurz dünsten.

Den in Würfel geschnittenen Feta-Käse in die Pfanne geben, unterheben und leicht schmelzen lassen.

Den Naturreis in der Gemüsebrühe ca. 40 Minuten garen. Die Sesamsamen in einer Pfanne trocken anrösten. Den abgetropften Reis mit den Sesamsamen und dem Parmesankäse mischen.

Die Tomaten waschen, in Scheiben schneiden und mit dem Balsamicoessig marinieren. Die Zwiebel schälen, in dünne Ringe schneiden, mit dem Olivenöl übergießen und kräftig mit den Gewürzen würzen. Den Mozzarella mit den Schnittlauchröllchen überstreuen und mit dem Balsamicoessig übergießen. Alles 30 Minuten abgedeckt im Kühlschrank marinieren. Kurz vor dem Servieren die Salatzutaten miteinander vermischen.

Eine Portion enthält:

699 kcal/2922 Kilojoule
31 g Eiweiß
36 g Fett
62 g Kohlenhydrate
11 g Ballaststoffe

Möhren-Kartoffel-Püree

gelingt leicht

Zutaten für 2 Portionen
150 g Möhren
250 g mehlig kochende Kartoffeln
75 ml Milch, 1,5 % Fett
1 Zweig Estragon
½ TL geriebener Meerrettich
2 TL Rapsöl
Pfeffer
Muskat
fluoridiertes Jodsalz
Zubereitungszeit: 15 Minuten **Garzeit: 15 Minuten**

Zubereitung

Die Möhren putzen, waschen und die Kartoffeln waschen und schälen. Beides in kleine Würfel schneiden.

Einen Topf mit Wasser ausschwenken. Kartoffeln und Möhren hineinfüllen. Die Milch und etwas Wasser dazugießen, zum Kochen bringen, bei schwacher Hitze etwa 15 Minuten garen lassen.

Kartoffeln und Möhren mit einem Pürierstab fein pürieren. Die Estragonzweige waschen, die Blättchen von den Stengeln zupfen und fein schneiden. Estragon, Meerrettich und das Öl unter das Püree geben. Mit Pfeffer, Muskat und wenig Jodsalz abschmecken.

Eine Portion enthält:
163 kcal/681 Kilojoule
5 g Eiweiß
5 g Fett
25 g Kohlenhydrate
6 g Ballaststoffe

Weizengemüse auf Kerbelsoße

Zutaten für 2 Portionen

- 100 g Weizenkörner
- ½ mittelgroße rote Zwiebel
- 2 kleine Möhren
- ½ kleine Sellerieknolle
- 1 Porreestange
- 1 EL Rapsöl (20 ml)
- fluoridiertes Jodsalz
- frisch gemahlener schwarzer Pfeffer
- frisch geriebene Muskatnuss
- 1 Schalotte
- ½ Tasse Gemüsebrühe
- ¾ Tasse Sahne
- 1 Bund Kerbel
- 200 g Spinat
- Zitronensaft
- Schnittlauchröllchen

Zubereitungszeit: 40 Minuten
Einweichzeit: 10 Stunden
Garzeit: 1 Stunde und 25 Minuten

Zubereitung

Den Weizen über Nacht in kaltem Wasser abgedeckt im Kühlschrank ausquellen lassen, dann in einem Sieb abspülen. $^3/_8$ l Wasser mit etwas Salz zum Kochen bringen und den Weizen darin bei mittlerer Hitze 1 Stunde garen.

Zwiebel, Möhre, Sellerie und Porree putzen, waschen und in feine Würfel schneiden.

Bis auf den Porree das Gemüse in ½ EL Öl andünsten, mit fluoridiertem Salz, Pfeffer und Muskat würzen. Alles zugedeckt bei milder Hitze 10 Minuten dünsten. Dann den Porree und den abgetropften Weizen zugeben und weitere 5 Minuten garen.

Die Schalotte pellen, fein würfeln und im restlichen Fett glasig dünsten. Brühe und Sahne zugießen und im offenen Topf 10 Minuten leicht cremig einkochen.

Kerbel und Spinat grob hacken, zu der Schalotten-Sahne geben und das Ganze pürieren. Mit den Gewürzen abschmecken, etwas Zitronensaft dazugeben und zusammen mit dem Weizen-Gemüse servieren. Mit frischen Schnittlauchröllchen bestreuen.

Eine Portion enthält:

- 380 kcal/1588 Kilojoule
- 10 g Eiweiß
- 24 g Fett
- 53 g Kohlenhydrate
- 13 g Ballaststoffe

Tipps & Hinweise

Als Dessert passt ein frischer Obstsalat aus Orangenfilets, Weintrauben, Kiwischeiben, mit Wasser und Rumaroma eingeweichten Rosinen und trocken angerösteten Mandelblättern. 2 TL Zitronensaft mit Zucker oder Süßstoff nach Belieben und etwas Traubensaft mischen und darübergeben.

Bunter Gemüseauflauf

gelingt leicht

Zutaten für 2 Portionen

- 1–2 mittelgroße Zucchini
- ½ Schüssel Champignons (125 g)
- 1 Aubergine (200 g)
- ½ mittelgroße Zwiebel
- 1 EL Sojaöl
- ½ kleiner Becher Quark, Magerstufe (125 g)
- ½ Ei, Gew.-Kl. 4
- 50 g in Gemüsebrühe eingeweichte Haferflocken
- fluoridiertes Jodsalz
- frisch gemahlener schwarzer Pfeffer
- Paprika edelsüß
- 50 g Emmentaler Käse, 45 % F. i. Tr.
- ½ Bund Petersilie
- ½ Bund Schnittlauch

Zubereitungszeit: 50 Minuten
Ruhezeit: 55 Minuten
Quellzeit: 12 Stunden

Zubereitung

Die Zucchini, Aubergine und Champignons putzen und in Scheiben schneiden.

Die Zwiebel würfeln, mit einem ¾ EL Öl glasig dünsten. Das Gemüse zufügen und kurz mitdünsten, vom Herd nehmen.

Den Quark mit dem Ei verrühren, pikant abschmecken und mit der Zucchinimasse vermischen. Zuletzt die gequollenen und ausgedrückten Haferflocken, die fein geschnittenen Kräuter und die Gewürze daruntermengen.

Die Masse in eine mit dem restlichen Sojaöl ausgefettete Auflaufform füllen und mit dem Käse bestreuen.

Im vorgeheizten Backofen bei 200 °C ca. 25–30 Minuten backen.

Eine Portion enthält:

362 kcal/1513 Kilojoule
25 g Eiweiß
19 g Fett
28 g Kohlenhydrate
5 g Ballaststoffe

Tipps & Hinweise

Dazu passen Knoblauchkartoffeln. Kleine Kartoffeln waschen, als Pellkartoffeln garen und halbiert in eine mit Olivenöl gefettete und mit Knoblauchzehen sowie Kümmel bestreute Auflaufform geben. Im vorgeheizten Backofen bei 200 °C ca. 10 Minuten backen und 5 Minuten vor dem Ende der Backzeit mit 1 EL frisch geriebenem Parmesan überstreuen.

Mediterraner Artischockensalat mit gratiniertem Ziegenkäse

etwas aufwendiger

Zutaten für 2 Portionen
2 große Artischocken
Zitronenwasser
fluoridiertes Jodsalz
1 EL Zitronensaft
je ½ rote, gelbe und grüne Paprika
1 Schalotte
½ Knoblauchzehe
2 EL Himbeeressig
2 EL Olivenöl (extra vergine)
grob gemörserter rosa und grüner Pfeffer
1 Prise Zucker oder etwas Süßstoff
fein gemahlener weißer Pfeffer
2 kleine runde Ziegenkäse (à 40 g)
2 EL trocken angeröstete Sesamsamen
6 Tropfen Basilico-Öl
½ Bund Schnittlauch
1 Zweig Petersilie

Zubereitungszeit: 40 Minuten
Garzeit: ca. 20 Minuten
Marinierzeit: 2 Stunden

Zubereitung

Die Artischocken waschen, die Stiele abbrechen. Die Artischocken um zwei Drittel stutzen und die äußeren Blätter um den Blütenboden entfernen. Die Blattansätze und harten Stellen am Rand und an der Bodenunterseite abschälen. Das „Heu“ entfernen und jeden vorbereiteten Boden sofort in Zitronenwasser legen.

1 l Wasser, fluoridiertes Jodsalz und Zitronensaft aufkochen, die Artischockenböden hineingeben und 8–10 Minuten in leicht köchelndem Wasser garen. Die Artischockenböden herausnehmen und mit Eiswasser abschrecken.

Die Paprikaschoten halbieren, entstielen, entkernen, waschen und in Streifen schneiden. Die Schalotte und die Knoblauchzehe abziehen und feinst würfeln. Artischockenböden halbieren, quer in Streifen schneiden und mit den Paprikastreifen vermischen. Die Mischung in einer flachen Schüssel anrichten.

Himbeeressig, Olivenöl, Schalotten- und Knoblauchwürfelchen, fluoridiertes Jodsalz, 1 Prise Zucker (oder einen Tropfen Süßstoff) und Pfeffer verrühren und über den Salat geben. Abgedeckt im Kühlschrank 1–2 Stunden marinieren.

Inzwischen den Ziegenkäse in Streifen schneiden, in dem trocken in einer Pfanne angerösteten Sesam wälzen und in eine feuerfeste Form geben. Unter dem Grill (mittlere Schiene) 7–8 Minuten grillen, bis der Käse leicht bräunt und zerläuft.

Den Käse mit dem Salat anrichten, den Salat mit Basilico-Öl beträufeln. Schnittlauch und Petersilie waschen, trocken tupfen und fein schneiden. Den Salat mit den Kräutern bestreut sofort servieren.

Eine Portion enthält:

427 kcal/1785 Kilojoule
15 g Eiweiß
34 g Fett
14 g Kohlenhydrate
16 g Ballaststoffe

Tipps & Hinweise

Dazu passt ein gegrilltes Vollkornbrötchen. Schneiden Sie das Vollkornbrötchen in der Mitte durch. Geben Sie feinste Knoblauchwürfelchen und einige Tropfen Olivenöl (extra vergine) sowie Balsamicoessig darauf. Die Brötchenhälfen auf der oberen Schiene grillen, bis das Brötchen bräunt.

Statt frischer Artischocken können Sie auch Artischockenböden aus der Dose oder Glas verwenden.
So sparen Sie gleichzeitig viel Vorbereitungszeit.

Basilico-Öl (eine Mischung aus Oliven- und Maiskeimöl mit Basilikumauszügen) können Sie auch selbst herstellen, indem Sie trockengetupfte Basilikumblätter einige Tage verschlossen im Olivenöl ziehen lassen.

Grünkern mit Mohrrüben und Erbsen

geht schnell

Zutaten für 2 Portionen
2 Tassen Gemüsebrühe
2 Tassen Milch, 1,5 % Fett
80 g Grünkernschrot
2 Pr. Muskatnuss
fluoridiertes Jodsalz
4 kleine Möhren
2 Handvoll frische Kräuter (Petersilie, Schnittlauch, Dill und Sauerampfer)
2 EL Rapsöl
200 g Erbsen
wenig Cayennepfeffer
4 EL Crème fraîche
Zubereitungszeit: 15 Minuten **Garzeit: 25 Minuten**

Zubereitung

Die Gemüsebrühe mit der Milch zum Kochen bringen, den Grünkernschrot einrieseln lassen. Mit 1 Prise Muskat und etwas fluoridiertem Jodsalz würzen. Gut durchrühren, dann bei schwacher Hitze 15–20 Minuten ausquellen lassen.

In der Zwischenzeit die Möhren putzen und in feine Scheiben schneiden. Die Kräuter hacken.

Das Öl in der Pfanne erhitzen und die Erbsen mit den Möhrenscheiben etwa 5 Minuten unter ständigem Rühren sanft braten.

Die gehackten Kräuter und das Gemüse mit dem fertigen Grünkern mischen und mit Cayennepfeffer abschmecken. Die Crème fraîche unterziehen.

Eine Portion enthält:
560 kcal/2341 Kilojoule
18 g Eiweiß
31 g Fett
52 g Kohlenhydrate
14 g Ballaststoffe

Tipps & Hinweise

Dazu passt ein frischer Blattsalat mit einem heißen Nuss-Speck-Dressing, z. B. Rucola mit Walnussöl-Himbeeressig-Dressing. Dazu Speck feinst würfeln, trocken kurz anbraten, gehackte Nüsse darüber, die Pfanne vom Feuer, mit Salz und Pfeffer sowie etwas Zucker oder Süßstoff abschmecken, mit 1 EL Gemüsebrühe ablöschen, Essig und Öl dazugeben, wieder auf den Herd geben, kurz reduzieren und den zerpflückten Salat im Dressing marinieren.

Pikanter Kartoffeltopf

preisgünstig

Zutaten für 2 Portionen
8 kleinere Kartoffeln (400 g)
Wasser
1 Pr. Salz
1 Knoblauchzehe
6 dünne Scheiben roher Schinken (60 g)
1 große Gemüsezwiebel
2 Knoblauchzehen
2 EL Olivenöl
4 EL gehackte frische Kräuter (z. B. Petersilie, Schnittlauch, Dill und Oregano)
6 EL Tomatenmark
6 EL Joghurt, 0,1 % Fett
fluoridiertes Jodsalz
bunter Pfeffer aus der Mühle
frisch geriebene Muskatnuss

Zubereitungszeit: 20 Minuten
Garzeit: 30 Minuten

Zubereitung

Kartoffeln gründlich waschen und als Pellkartoffeln mit etwas Salz und einer geschälten Knoblauchzehe garen. Die Pellkartoffeln abgießen und mit Schale in mundgerechte Stück schneiden.

Den Schinken in feine Streifen schneiden, die Zwiebel schälen und grob würfeln, die Knoblauchzehen schälen und grob hacken.

Die Schinkenstreifen, die Zwiebelwürfel, die Knoblauchwürfel in der Pfanne in 1 ½ EL heißem Olivenöl kräftig anbraten.

Die Kräuter waschen, trockentupfen, hacken und in die Pfanne geben. Die Pellkartoffelstücke dazugeben, kurz anbraten, Tomatenmark und Joghurt dazugeben. Mit fluoridiertem Jodsalz, Pfeffer und etwas frisch geriebener Muskatnuss würzen.

Nach dem Würzen die Masse in eine mit dem restlichen Olivenöl gefettete Auflaufform füllen und im vorgeheizten Backofen mit frisch geriebenem Parmesankäse gratinieren.

Eine Portion enthält:

440 kcal/1839 Kilojoule
18 g Eiweiß
17 g Fett
52 g Kohlenhydrate
9 g Ballaststoffe

Tipps & Hinweise

Dazu passt ein Eisbergsalat mit Joghurtdressing und Mandarinen.

Anstatt Tomatenmark können Sie auch Tomatenketchup verwenden. Tomaten enthalten reichlich Lycopin. Der sekundäre Pflanzenstoff schützt vor Krebserkrankungen.

Eine besondere Note verleihen Sie dem Kartoffeltopf, wenn Sie anstatt Tomatenmark Senf oder Meerrettich verwenden.

Indischer Reisauflauf „Delhi"

exotisch

Zutaten für 2 Portionen

- 1 Tasse Vollkornreis
- 2 Tassen Gemüsebrühe
- Paprikapulver, Curry, Koriander
- fluoridiertes Jodsalz
- 100 g Putengeschnetzeltes
- 1 EL Sesamöl
- 1 EL Mandelblättchen
- 1 EL Sesamsamen
- 1 Banane
- 2 Ananasringe
- 2 Pfirsichhälften
- 1 TL Rapsöl
- 1 EL Weizenmehl, Type 1050
- 2 EL Ananassaft (40 ml)
- ½ Becher saure Sahne (75 g)
- Zitronensaft
- 1 Eigelb
- 1 EL geriebener Gouda, 45 % Fett i. Tr.

Zubereitungszeit: 25 Minuten
Garzeit: 50 Minuten

Zubereitung

Reis in Gemüsebrühe ca. 30 Minuten garen. Anschließend mit Paprika, Curry, Koriander und Salz würzen und in eine Auflaufform füllen.

Putengeschnetzeltes in Öl anbraten, Mandeln und Sesam hinzufügen, mit Salz und Paprika würzen. Anschließend auf den Reis geben.

Banane in Scheiben schneiden, Ananasringe und Pfirsichhälften in Stücke schneiden und auf das Fleisch geben.

Aus Öl, Mehl, Ananassaft und Wasser eine Mehlschwitze zubereiten, 1½ TL Curry hinzufügen, die saure Sahne nach dem Kochen unterrühren und mit Salz und Zitronensaft abschmecken.

Die Soße mit dem Eigelb legieren und über den Auflauf gießen.

Käse über den Auflauf streuen. 20 Minuten bei 200 °C im Backofen überbacken.

Eine Portion enthält:

- 436 kcal/1823 Kilojoule
- 24 g Eiweiß
- 17 g Fett
- 46 g Kohlenhydrate
- 3 g Ballaststoffe

Tipps & Hinweise

Anstelle von Pfirsichen können Sie auch Mandarinen verwenden.

Gefüllte Zucchini

gelingt leicht

Zutaten für 2 Portionen

150 g Getreideschrot
300 ml Wasser
½ Gemüsebrühwürfel
½ mittelgroße Zwiebel
1–2 mittelgroße Möhren
½ Knoblauchzehe
½ Bund Petersilie
2 kleinere Zucchini (ca. 250 g)
100 g geriebener Gouda
fluoridiertes Jodsalz, Pfeffer, Paprika
2 große Tomaten
fluoridiertes Jodsalz
frisch gemahlener Pfeffer
Basilikum, Thymian
1 TL Olivenöl

Zubereitungszeit: 25 Minuten
Garzeit: 60 Minuten

Zubereitung

Das Getreide in der Gemüsebrühe 20 Minuten wie Reis garen. Die fertige Masse auskühlen lassen.

Die Zwiebel fein würfeln. Die Möhren schälen und raspeln. Die Knoblauchzehe zerdrücken. Die Petersilie fein hacken. Die Zucchini halbieren und etwas aushöhlen.

Das ausgehöhlte Zucchinifleisch klein schneiden und zusammen mit dem anderen Gemüse und dem Käse unter die kalte Getreidemasse geben und mit den Gewürzen pikant abschmecken. Die Getreidemasse in die Zucchini füllen.

Die Tomaten kurz mit kochendem Wasser überbrühen und häuten. In Würfel schneiden und mit fluoridiertem Jodsalz, Pfeffer, Thymian und Basilikum würzen.

Die Tomatenmasse in eine mit wenig Olivenöl gefettete Auflaufform füllen, etwas Wasser dazugießen, die Zucchini daraufsetzen und mit geschlossenem Deckel 30–40 Minuten bei 220 °C im Backofen garen.

Eine Portion enthält:

489 kcal/2044 Kilojoule
26 g Eiweiß
18 g Fett
71 g Kohlenhydrate
12 g Ballaststoffe

Tipps & Hinweise

Lassen Sie sich den Getreideschrot frisch im Reformhaus mahlen. Wenn Sie keinen Getreideschrot verwenden möchten, können Sie auch Vollkornreis oder ganze Weizenkörner verwenden.

Anstelle von Zucchini können Sie auch Auberginen verwenden. Den richtigen mediterranen Touch erhalten Sie, wenn Sie einige schwarze und grüne Oliven fein würfeln und zur Füllmasse dazugeben.

Sechskornklöße mit Spitzkohl und Pilzsoße

etwas aufwendiger

Zutaten für 2 Portionen

Für die Klöße:

1 Tasse Gemüsebrühe
1 geh. EL Diätmargarine (25 g)
75 g Sechskornschrot
2 Eier, Gew.-Kl. 4
250 g Spitzkohl
1 TL Walnussöl
fluoridiertes Jodsalz
frisch gemahlener schwarzer Pfeffer
Kümmel

Für die Soße:

200 g Champignons
1 Knoblauchzehe
1 TL Diätmargarine (5 g)
½ Glas Milch, 3,5 % Fett
100 g Gorgonzola
fluoridiertes Jodsalz
frisch gemahlener bunter Pfeffer
etwas frisch geriebene Muskatnuss
etwas frisch gehackte Petersilie

Zubereitungszeit: 45 Minuten
Garzeit: 10 Minuten

Zubereitung

Die Gemüsebrühe mit dem Fett aufkochen, den Schrot auf einmal hineingeben und so lange rühren, bis sich ein Kloß gebildet hat. Dann nach und nach die Eier unterarbeiten. Mit zwei Esslöffeln Klöße in kochendes Salzwasser abstechen und 5 Minuten ziehen lassen.

Den Spitzkohl putzen, waschen und in Streifen schneiden. Im Walnussöl andünsten, würzen und garen.

Für die Soße die Champignons putzen, blättrig schneiden und zusammen mit der geschälten Knoblauchzehe in der Margarine andünsten. Mit der Milch ablöschen, den Gorgonzola zufügen und verkochen lassen. Mit den Gewürzen abschmecken.

Den Spitzkohl auf zwei Tellern anrichten, die Klöße aufsetzen und die Soße darüber verteilen. Mit frisch gehackter Petersilie bestreuen.

Eine Portion enthält:

432 kcal/1806 Kilojoule

18 g Eiweiß

27 g Fett

41 g Kohlenhydrate

8 g Ballaststoffe

Tipps & Hinweise

Wenn Sie den Geschmack von Knoblauch wünschen, aber keinen Knoblauch essen möchten, nehmen Sie die geschälte Knoblauchzehe aus der Soße wieder heraus. Ein leichtes Knoblaucharoma erhalten Sie, wenn Sie lediglich die Pfanne mit der Knoblauchzehe ausreiben.

Kümmel macht den Spitzkohl leichter verdaulich. Sie können den Kümmel in Körnern oder gemahlen dazugeben.

Schweinefilet mit Tomaten-Rucola-Salat

etwas teurer

Zutaten für 2 Portionen
1 Stück Schweinefilet (ca. 250 g)
grobkörniges Salz
Pfeffer
1 Zweig Zitronenthymian
1 EL Olivenöl (15 ml)
8 mittlere Tomaten (ca. 500 g)
1 Bund Rucola
8 Blättchen frisches Basilikum
1 Knoblauchzehe
1 EL Olivenöl (15 ml)
fluoridiertes Jodsalz
Pfeffer
2 EL Balsamicoessig
1 TL Pinienkerne (5 g)
1 kleines Stück Parmesan (ca. 10 g)

Zubereitungszeit: 40 Minuten
Marinierzeit: 1 Stunde

Zubereitung

Die Filets flach klopfen und mit grobem Salz und Pfeffer würzen. Mit dem gewaschenem Thymianzweig und dem Olivenöl ca. 1 Stunde marinieren lassen.

Die Tomaten waschen, den Strunk entfernen und in Würfel schneiden. Den Rucola waschen und klein schneiden. Die Basilikumblättchen in feine Streifen schneiden und mit dem Rucola und den Tomaten vermischen. Die Knoblauchzehe schälen, in feine Würfelchen schneiden und zusammen mit dem Olivenöl unter die Tomaten rühren. Den Salat mit Salz, Pfeffer und Balsamicoessig abschmecken.

Das Fleisch aus der Marinade nehmen und in einer beschichteten Pfanne kurz (ca. 2–3 Minuten von jeder Seite) anbraten. Das Fleisch soll innen noch rosa sein. Das Fleisch herausnehmen und kurz warm stellen. Die Pinienkerne in der Fleischpfanne ohne weitere Fettzugabe kurz anrösten.

Den Salat auf zwei Tellern verteilen. Das Filet in 4 schräge Scheiben schneiden und auf dem Salat anrichten. Die gerösteten Pinienkerne zusammen mit dem gehobeltem Parmesan auf den Tellern verteilen.

Eine Portion enthält:

341 kcal/1425 Kilojoule
33 g Eiweiß
19 g Fett
8 g Kohlenhydrate
4 g Ballaststoffe

Tipps & Hinweise

Servieren Sie dazu ein knusprig aufgebackenes Knoblauch-Vollkornbrötchen. Halbieren Sie das Brötchen und streichen Sie mit einer aufgeschnittenen Knoblauchzehe über beide Brötchenhälften.

Hähnchenkeulen „Mexiko"

braucht etwas mehr Zeit

Zutaten für 2 Portionen
2 Hähnchenkeulen
fluoridiertes Jodsalz
Pfeffer
Paprika, edelsüß
Cayennepfeffer
1 Knoblauchzehe
1 EL Olivenöl (15 ml)
1 Zweig Zitronenthymian
1 Zweig Rosmarin
200 g Mais, a. D.
200 g rote Bohnen, a. D.
1 grüne Paprikaschote (ca. 80 g)
1 kleine rote Zwiebel (60 g)
1 Knoblauchzehe
1 TL Olivenöl (5 ml)
fluoridiertes Jodsalz
Pfeffer
1 Zweig Petersilie, fein gehackt
Zubereitungszeit: 40 Minuten **Marinierzeit: 7 Stunden**

Zubereitung

Die Hähnchenkeulen waschen, trocken tupfen und mit den Gewürzen von allen Seiten einreiben. Die Knoblauchzehe schälen, in feine Würfelchen schneiden und mit dem Öl vermischen. Die Hähnchenkeulen mit der Marinade und den gewaschenen Kräuterzweigen 7 Stunden zugedeckt im Kühlschrank marinieren.

Den Backofen auf 180 °C vorheizen. Die Keulen aus der Marinade nehmen und in einer beschichteten Pfanne ohne weitere Fettzugabe von allen Seiten anbraten. In eine feuerfeste Form geben und im Backofen in ca. 25 Minuten knusprig fertig braten.

Für das Gemüse den Mais und die Bohnen gut abtropfen lassen. Die Paprikaschote waschen, putzen und in Würfel schneiden. Die Zwiebel und die Knoblauchzehe schälen und ebenfalls in Würfel schneiden. Das Öl in einem Topf erhitzen und zuerst die Zwiebel- und Knoblauchwürfel darin anbraten. Die Paprikawürfel dazugeben und 2–3 Minuten mitdünsten. Den Mais und die Bohnen dazugeben und mit Salz und Pfeffer kräftig abschmecken.

Die Hähnchenkeulen zusammen mit dem Gemüse auf zwei Tellern anrichten und mit fein gehackter Petersilie bestreut servieren.

Eine Portion enthält:
568 kcal/2374 Kilojoule
52 g Eiweiß
29 g Fett
25 g Kohlenhydrate
10 g Ballaststoffe

Tipps & Hinweise

Servieren Sie zu den Hähnchenkeulen „roten“ Naturreis. Rechnen Sie pro Person 60 g Reis (Rohgewicht). Braten Sie den Reis zusammen mit 1 kleingewürfelten Knoblauchzehe und 2 in schmale Scheiben geschnittenen getrockneten Tomaten in 1 TL Olivenöl an. Füllen Sie mit ca. 2 Tassen Tomatensaft auf und lassen Sie den Reis ca. 30–45 Minuten leicht köcheln. Bei Bedarf gießen Sie noch Wasser hinzu. Am Ende würzen Sie mit Salz, Pfeffer, etwas Cayennepfeffer und reichlich Paprikapulver.

Bei Naturreis benötigen Sie eine größere Menge Flüssigkeit, da der Reis deutlich mehr quillt als „weißer“ Reis.

Erbsensuppe mit Croutons

gelingt leicht

Zutaten für 2 Portionen

- 2 mittelgroße Kartoffeln
- 3 mittlere Mohrrüben
- 400 g tiefgekühlte Erbsen
- 3 Tassen Gemüsebrühe
- 2 Scheiben Weizenvollkornbrot
- 4 mittelgroße Zwiebeln
- 4 TL Diätmargarine
- 2 EL saure Sahne
- 1 TL getrockneter Majoran
- etwas Liebstöckel
- fluoridiertes Jodsalz
- schwarzer Pfeffer
- 4 Zweige Petersilie

Zubereitungszeit: 20 Minuten
Garzeit: ca. 25 Minuten

Zubereitung

Kartoffeln und Mohrrüben schälen, würfeln und in einen Topf geben. 2 EL Erbsen beiseite stellen. Die übrigen Erbsen und die Gemüsebrühe zu den Kartoffeln geben. Zugedeckt einmal aufkochen, in etwa 10 Minuten bei schwacher Hitze gar kochen.

Inzwischen das Brot würfeln. Die Zwiebeln schälen und in Ringe schneiden.

Eine beschichtete Pfanne erhitzen, die Brotwürfel ohne Fett braten, bis sie knusprig sind. Die Zwiebelringe und das Fett hinzufügen, mit Salz und Pfeffer würzen und bei mittlerer Hitze unter Rühren glasig braten. Anschließend die Pfanne beiseite stellen.

Prüfen Sie, ob die Kartoffelwürfel weich sind. Die saure Sahne in die Suppe geben, und die Suppe mit dem Pürierstab glattrühren. Mit Majoran, Liebstöckel, fluoridiertem Salz und Pfeffer abschmecken.

Die zurückbehaltenen Erbsen unterheben. Die Suppe in eine Suppenschale füllen und die Croutons und Zwiebelringe darauf verteilen. Mit Petersilie dekorieren.

Eine Portion enthält:

- 505 kcal/2111 Kilojoule
- 26 g Eiweiß
- 12 g Fett
- 71 g Kohlenhydrate
- 22 g Ballaststoffe

Tipps & Hinweise

Dazu passt ein frisch aufgebackenes Vollkornbrötchen.

Anstatt Erbsen können Sie auch Mohrrüben oder Sellerie verwenden. Zur „Küstenspezialität“ wird die Suppe mit einigen Krabben oder Scampi, die am Schluss zur passierten Suppe gegeben werden. Dann passt übrigens Dill besser als Dekor als Petersilie. Außerdem benötigen Sie dann noch etwas Zitronensaft als Gewürz.

Jedes Böhnchen gibt ein Tönchen ... Dieser Spruch ist allgemein bekannt. Weniger blähend sind Gerichte mit Erbsen, Bohnen oder Linsen, wenn Sie dazu eine Tasse Fencheltee trinken und einige Kümmelkörner in die Suppe geben. Übrigens: Blähungen sind weder gefährlich noch ein Zeichen von Krankheit. Sie zeigen lediglich den hohen Ballaststoffgehalt und eine funktionierende Darmflora an.

Bei Unverträglichkeit sollten Sie Zwiebeln und Knoblauch besser weglassen.

Getreideküchlein mit Käsesoße

etwas aufwändiger

Zutaten für 2 Portionen

Für die Getreideküchlein:

¼ l Milch, 1,5 % Fett
100 g geschroteter Dinkel
½ Gemüsebrühwürfel
1 kleine Zwiebel
1 TL Diätmargarine
1 Ei
1 Pr. geriebene Muskatnuss
schwarzer Pfeffer
fluoridiertes Jodsalz
1 EL Sonnenblumenöl zum Braten

Für die Käsesoße:

2 Schalotten
1 Knoblauchzehe
½ EL Diätmargarine
1 EL Mehl
⅛ l Milch, 1,5 % Fett
100 g Tortenbrie, 45 % F. i. Tr.
2–3 EL tiefgefrorene Kräuter
fluoridiertes Jodsalz
1 Pr. Zucker
1 Pr. geriebene Muskatnuss
weißer Pfeffer
2 EL Apfelsaft

Zubereitungszeit: 30 Minuten
Garzeit: 30 Minuten

Zubereitung

Die Milch aufkochen. Das geschrotete Getreide mit dem Brühwürfel darin aufkochen und etwa 15 Minuten quellen lassen.

Die Zwiebel schälen, hacken und in der Margarine anbraten. Die gebratenen Zwiebeln und das Ei in den Getreidebrei rühren, mit den Gewürzen abschmecken.

Das Öl in einer Pfanne erhitzen. Mit einem Löffel Teighäufchen in die Pfanne setzten. Die Häufchen flach drücken, so dass sie gerade fingerdick sind und von beiden Seiten goldbraun braten.

Für die Soße die Schalotten schälen und fein hacken. Knoblauch sehr fein hacken oder durch die Knoblauchpresse drücken. Zwiebeln und Knoblauch in der Margarine glasig dünsten (etwa 5 Minuten). Das Mehl darüber stäuben und die Milch aufgießen.

Vom Käse oberflächlich die Rinde entfernen. Den Käse zerbröckeln und in die Soße geben. Dabei kräftig rühren, bis der Käse geschmolzen ist. Die Kräuter in die Soße geben und mit den Gewürzen abschmecken. Mit dem Apfelsaft verfeinern.

Eine Portion enthält:

563 kcal/2353 Kilojoule
27 g Eiweiß
30 g Fett
47 g Kohlenhydrat
6 g Ballaststoffe

Tipps & Hinweise

Dazu passt ein gemischter Salat aus Tomaten, Zucchini, Mohrrüben und Zwiebeln mit einem frischen Kräuter-Joghurt-Dressing.

Wenn Sie Kalorien einsparen möchten, können Sie auch Camembert mit 30 % F. i. Tr. anstatt Tortenbrie verwenden.

Wer's lieber warm und deftig mag, kann ein Porreegemüse aus der Pfanne aus Porree, Schalotten, Tomatenmark und etwas Joghurt dazu essen.

Pikante Puten-Gemüse-Pfanne

gelingt leicht

Zutaten für 2 Portionen
1 EL Sojaöl
2 kleine Putenschnitzel (à 100 g)
1 kleine Zwiebel
1 große Karotte (ca. 200 g)
200 g geputzte Broccoli
100 g Mais, tiefgekühlt, a. D. oder Glas
fluoridiertes Jodsalz, Pfeffer
etwas Gemüsebrühe, gekörnt
1 EL saure Sahne
Petersilie
Knoblauch, Majoran
Zubereitungszeit: 30 Minuten

Zubereitung

Das Öl in einer Pfanne erhitzen und die Putenschnitzel darin scharf anbraten. Fleisch aus der Pfanne nehmen und warm stellen.

Die Zwiebel schälen, in kleine Würfel schneiden und zusammen mit den gewürfelten Karotten und Broccoliröschen in dem restlichen Bratfett andünsten. Mit Gemüsebrühe würzen und in wenig Flüssigkeit bissfest garen. Danach mit der sauren Sahne verfeinern und nochmals abschmecken (nicht mehr kochen lassen).

Das Putenfleisch in schmale Streifen schneiden und mit dem Mais zu dem Gemüse geben. Petersilie und Majoran waschen, fein wiegen und über das Gericht streuen.

Eine Portion enthält:

307 kcal/1283 Kilojoule
31 g Eiweiß
11 g Fett
22 g Kohlenhydrate
9 g Ballaststoffe

Tipps & Hinweise

Broccoli gehört zu den gesündesten Gemüsesorten überhaupt. Er enthält viele Vitamine, Kalzium und gesundheitsfördernde sekundäre Pflanzenstoffe.

Mediterrane Ofenkartoffel „à la Kreta"

preisgünstig

Zutaten für 2 Portionen
4 mittelgroße Kartoffeln
2 Fleischtomaten
2 TL Olivenöl, extra vergine
2 Knoblauchzehe
2 TL Balsamicoessig
2 EL frisch gehackter Basilikum
fluoridiertes Jodsalz
bunter Pfeffer
wenig geriebene Muskatnuss
etwas getrockneter Thymian
2 Scheiben Edamer, 30 % F. i. Tr. (60 g)

Zubereitungszeit: 30 Minuten
Garzeit: 30 Minuten

Zubereitung

Kartoffeln garen, pellen und halbieren. Eingeritzte Tomaten mit heißem Wasser überbrühen, enthäuten und würfeln. Knoblauchzehe zerdrücken.

Kartoffelhälften mit einem Löffel etwas aushöhlen und die entnommene Kartoffelmasse zerdrücken, mit den Tomatenwürfeln, dem Balsamessig, dem Knoblauch, dem Olivenöl, den Kräutern und Gewürzen mischen. Die Masse in die Kartoffelhälften füllen, den Käse darübergeben und im vorgeheizten Backofen bei 200 °C überbacken, bis der Käse zerläuft.

Eine Portion enthält:
293 kcal/1225 Kilojoule
14 g Eiweiß
11 g Fett
37 g Kohlenhydrate
8 g Ballaststoffe

KNACKIGE, GENUSSREICHE ABENDESSEN

Wenn Sie mittags fleischlos gegessen haben, dürfen Sie abends auch ein bis zwei Scheiben Wurst essen. Haben Sie schon einmal selbstzubereitete Aufstriche und Pasten ausprobiert, die anstatt des herkömmlichen, langweiligen Allerleis auch als Dip für Gemüse, Pellkartoffeln oder einfach nur so Geschmack und Abwechslung bringen?

Zum getoasteten Vollkornbrot oder -brötchen passt bestens ein knackig, frischer Salat, ein Rohkostteller oder ein Gazpacho. Die enthaltenen Ballaststoffe sorgen für eine angenehme und langanhaltende Sättigung und einen guten Schwung im Darm. Aber keine Angst, nur weil Sie abends einen großen Salat essen, müssen Sie nicht befürchten, dass Sie nachts nicht ruhig schlafen können.

Quarkbrötchen mit „Obatzda"

gelingt leicht

Zutaten für 18 Brötchen
Für die Brötchen:
500 g Weizenvollkornmehl
2 TL Backpulver
1 TL fluoridiertes Jodsalz
500 g Quark, 20 % F. i. Tr.
2 Eier
1½ EL Olivenöl, extra vergine
Für den „Obatzda":
2 kleine reife Camembert, 45 % F. i. Tr.
250 g Magerquark
3 fein gewürfelte Zwiebeln
Paprika, edelsüß
Kümmel
Kräutersalz
frisch gemahlener Pfeffer aus der Mühle
Zubereitungszeit: 25 Minuten **Backzeit: 40 Minuten**

Zubereitung

Für die Brötchen alle Zutaten durchkneten. Das Backblech mit Backpapier auslegen. Golfballgroße Kugeln formen und kreuzweise einschneiden. Bei 200 °C ca. 40 Minuten backen.

Den Camembert mit einer Gabel zerdrücken. Quark und Zwiebeln untermischen. Den „Obatzda" mit Paprika, Kümmel, Kräutersalz und Pfeffer pikant abschmecken.

Das Rezept enthält:

3316 kcal/13861 Kilojoule
212 g Eiweiß
123 g Fett
332 g Kohlenhydrate
52 g Ballaststoffe

1 Brötchen mit „Obatzda" enthält:

184 kcal/769 Kilojoule
12 g Eiweiß
7 g Fett
19 g Kohlenhydrate
3 g Ballaststoffe

Bohnenpuffer mit Fenchelsoße

mal was Anderes

Zutaten für 2 Portionen

Für die Puffer:

- 400 g gekochte weiße Bohnen (125 g Rohgewicht)
- 1 kleine Möhre
- 1 kleine Porreestange
- ½ kleine Sellerieknolle
- ½ Bund Bohnenkraut
- 1 geh. EL Nüsse (ca. 25 g)
- ½ mittelgroße Zwiebel
- ½ Knoblauchzehe
- ½ Ei, Gew.-Kl. 4
- fluoridiertes Jodsalz
- Cayennepfeffer
- frisch gemahlener bunter Pfeffer
- 2 EL Sojaöl

Für die Fenchelsoße:

- 200 g Fenchel
- ½ Bund Dill
- 1 Becher Joghurt, 0,1 % Fett (300 g)
- 50 g Crème fraîche
- ½ Bund Petersilie
- fluoridiertes Jodsalz
- Cayennepfeffer

Zubereitungszeit: 40 Minuten

Zubereitung

Die Bohnen mit Möhre, Lauch, Sellerie, Bohnenkraut und Nüssen in der Küchenmaschine pürieren.

Die Zwiebel und den Knoblauch hacken und mit dem Bohnenpüree mischen. Ei, Salz, Cayennepfeffer und Pfeffer unterrühren. Den Teig durchkneten, bis er wie Frikadellenteig bindet.

6 Puffer formen und in heißem Öl von jeder Seite 4 Minuten braten.

Währenddessen die Fenchelknollen halbieren, waschen, Strunk herausschneiden. Knolle, Fenchelblättchen und Dill zerkleinern. Mit Joghurt und Crème fraîche mischen, mit Salz und Cayennepfeffer abschmecken.

Die Puffer mit der Fenchelsoße und reichlich frisch gehackter Petersilie bestreut servieren.

Eine Portion enthält:

- 498 kcal/2082 Kilojoule
- 22 g Eiweiß
- 28 g Fett
- 54 g Kohlenhydrate
- 15 g Ballaststoffe

Tipps & Hinweise

Möhren enthalten reichlich β-Carotin, Aus diesem Provitamin bildet der Körper Vitamin A, und das ist wichtig für die Augen.

Tipps & Hinweise

Nur wenn das Fett richtig heiß ist, saugen sich die Puffer nicht mit Öl voll.

Anstatt weiße Bohnen können Sie auch Kidneybohnen verwenden. Bei dieser Variante sollten Sie dem Teig noch etwas Tomatenmark beifügen.

Wenn Sie keine Fenchelsoße mögen, können Sie auch eine frische Tomatensoße zubereiten, die aus Tomaten, frischem Basilikum, roten Zwiebeln, etwas Balsamicoessig und Joghurt besteht.

Bei Unverträglichkeit sollten Sie Zwiebeln und Knoblauch besser weglassen.

Sesamstangen mit Käsedip

gut vorzubereiten

Zutaten für 30 Sesamstangen
Für die Sesamstangen:
1½ Gläser Buttermilch
1 Würfel frische Hefe
150 g Roggenmehl, Type 1150
350 g Weizenvollkornmehl
100 g Sesam (davon 50 g im Teig)
100 g Diätmargarine
1 TL fluoridiertes Jodsalz
Für den Käsedip:
125 g Magerquark
100 g Frischkäse, Rahmstufe
⅓ Bund Schnittlauch
2 Zweige Petersilie
1 Zweig Dill
bunter Pfeffer aus der Mühle
Paprikapulver
fluoridiertes Jodsalz

Zubereitungszeit: 15 Minuten
Backzeit: 15 Minuten

Zubereitung

Die Buttermilch mit der Hefe verrühren und dann mit den anderen Zutaten verkneten.

Aus dem Teig 30 Rollen formen, diese mit etwas Buttermilch einstreichen und in dem restlichen Sesam wälzen.

Die Sesamstangen bei 220 °C ca. 15 Minuten backen.

Den Magerquark mit dem Frischkäse verrühren. Frische, gewaschene Kräuter fein schneiden. Käsedip mit Kräuter, Paprika, Pfeffer und fluoridiertem Jodsalz mischen. Der Käsedip schmeckt gut zu den Sesamstangen oder zu frischem Gemüse (z. B. Möhren, Gurke, Kohlrabi, Radieschen).

Ein Sesamstange mit Dip enthält:

114 kcal/477 Kilojoule
4 g Eiweiß
6 g Fett
12 g Kohlenhydrate
3 g Ballaststoffe

Blumenkohl-Mohrrüben-Rohkost

gut vorzubereiten

Zutaten für 2 Portionen
150 g Karotten
150 g Blumenkohl
½ kleiner Apfel
¼ Becher saure Sahne
½ EL Maiskeimöl
1 Msp. fluoridiertes Jodsalz
½ Bund Schnittlauch
1 Msp. Curry
½ TL Honig oder einige Tropfen Süßstoff
1 Pr. Cayennepfeffer
1 Pr. Paprika, edelsüß

Zubereitungszeit: 15 Minuten
Marinierzeit: 5 Stunden

Eine Portion enthält:

111 kcal/464 Kilojoule
3 g Eiweiß
6 g Fett
11 g Kohlenhydrate
6 g Ballaststoffe

Zubereitung

Die Karotten putzen, die Blumenkohlröschen vom Stiel trennen und waschen. Den Apfel waschen und entkernen.

Saure Sahne, Öl, fluoridiertes Jodsalz, Schnittlauchröllchen, Curry, Honig, Cayennepfeffer und Paprika mit einem Pürierstab gründlich zerkleinern.

Beide Gemüse und den ungeschälten Apfel mit der Reibe raspeln und unter die Salatsoße heben.

Der Salat schmeckt besonders gut, wenn er abgedeckt im Kühlschrank 4–5 Stunden durchziehen kann.

Tipps & Hinweise

Falls Sie unter stärkerer Verstopfung leiden geben Sie 2 EL Milchzucker in 2 EL heißen Apfelsaft, lösen den Milchzucker auf und geben diese Mischung zum Dressing. Das gibt eine lecker aromatische Note und bringt den Darm in Schwung.

Eine fernöstliche Spezialität können Sie zaubern, wenn Sie zwei Scheiben Ananas aus der Dose und einige Mandarinenfilets dazugeben und in das Dressing etwas Kokosmilch geben. In diesem Falle sollten Sie etwas mehr Curry, Cayennepfeffer und Paprika verwenden.

Frühlingssuppe

preisgünstig

Zutaten für 2 Portionen
½ Bund Frühlingszwiebeln
½ mittelgroßer Kohlrabi
1 mittelgroße Möhre
150 g Wirsing
1 EL Diätmargarine (20 g)
500 ml Gemüsebrühe
50 g Grünkern
75 g Erbsen, tiefgekühlt
1 EL Crème fraîche
fluoridiertes Jodsalz
frisch gemahlener weißer Pfeffer
frisch geriebene Muskatnuss
Kümmel nach Geschmack
1 Pr. Paprika edelsüß
2 EL gehackte Petersilie
1 EL Schnittlauchröllchen

Zubereitungszeit: 25 Minuten
Garzeit: 30 Minuten

Zubereitung

Die Frühlingszwiebeln putzen, waschen und in Ringe schneiden. Den Kohlrabi und die Möhre schälen und in Streifen schneiden. Den Wirsing putzen, waschen und in Streifen schneiden.

Das Gemüse in der Margarine andünsten und dann mit der Gemüsebrühe auffüllen. Zum Kochen bringen und dann den Grünkern und die Erbsen hineingeben und zugedeckt 20–30 Minuten bei mittlerer Hitze garen.

Die Suppe mit der Crème fraîche verfeinern und mit den Gewürzen abschmecken. Mit Petersilie und Schnittlauch bestreut servieren.

Eine Portion enthält:
273 kcal/1141 Kilojoule
9 g Eiweiß
16 g Fett
33 g Kohlenhydrate
7 g Ballaststoffe

Tipps & Hinweise

Zu einer Suppe passt ein Brötchen immer gut. Um dem Darm genügend Arbeit zu geben, sollten Sie ein Vollkornbrötchen dazu essen. Schneiden Sie das Vollkornbrötchen auf, geben einige Tropfen Olivenöl darauf, streuen frische Kräuter und etwas Knoblauch darüber und grillen Sie die Brötchenhäften kurz im Backofen.

Anstatt Crème fraîche können Sie auch Schmand oder saure Sahne verwenden. Eine besondere Note geben Sie der Suppe, wenn Sie zum Andünsten Kürbiskernöl verwenden.

Bei Unverträglichkeit sollten Sie die Zwiebeln besser weglassen.

Minestrone mit Grünkern

mediterran

Zutaten für 2 Portionen
¼ kleine weiße Zwiebel
¼ kleine rote Zwiebel
½ Knoblauchzehe
½ EL Olivenöl, extra vergine
½ mittelgroße Möhre
1 kleines Stück Sellerie (ca. 30 g)
1 Stück Zucchini (ca. 50 g)
600 ml Gemüsebrühe
75 g frische Erbsen
50 g grüne Bohnen
50 g Grünkern, geschrotet
fluoridiertes Jodsalz
schwarzer Pfeffer
1 Zweig Thymian
2 Basilkumblätter
1 Fleischtomate
½ Bund Petersilie
2 EL Parmesan (ca. 15 g)

Zubereitungszeit: 40 Minuten
Garzeit: 30 Minuten

Zubereitung

Die Zwiebeln und den Knoblauch klein schneiden und in einem großen Topf in dem erhitzten Öl glasig dünsten.

Möhren, Sellerie und Zucchini in feine Scheiben schneiden, in den Topf geben und leicht anbraten. Die Gemüsebrühe aufgießen, alles zum Kochen bringen und dann 10 Minuten leicht kochen. Erbsen, Bohnen und den Grünkern zufügen.

Die Suppe mit fluoridiertem Jodsalz und Pfeffer abschmecken, Thymian und Basilikum dazugeben und weitere 20 Minuten leicht kochen, bis das Gemüse gar ist. Thymian und Basilikum herausnehmen.

Die Tomaten würfeln und die Petersilie grob hacken. Die Tomaten kurz mitkochen, nochmals abschmecken, mit geriebenem Parmesan und der Petersilie bestreuen.

Eine Portion enthält:

191 kcal/798 Kilojoule
8 g Eiweiß
5 g Fett
28 g Kohlenhydrate
8 g Ballaststoffe

Tipps & Hinweise

Dazu passt frisch getoastetes Vollkorntoast mit selbstgemachter Schnittlauch-Dijonsenfbutter.

Anstatt geschrotetem Grünkern können Sie auch Vollkornnudeln in die Minestrone geben.

Wenn Sie die Suppe sofort nach dem Zubereiten in den Kühlschrank geben und nach dem Abkühlen gründlich passieren und dabei Zucchiniwürfel zugeben, haben Sie ein leckeres Gazpacho. Verwenden Sie in diesem Fall Ziegenkäse statt Parmesan.
Schmecken Sie mit etwas Tabasco ab.

Pfannkuchen mit Champignonfüllung

gelingt leicht

Zutaten für 2 Portionen
Für die Pfannkuchen:
2 Eier
2 EL Milch, 3,5 % Fett
6 EL Weizenvollkornmehl
2 Pr. fluoridiertes Jodsalz, Pfeffer
2 EL Sojaöl
Für die Champignonfüllung:
300 g frische Champignons
1 kleine Zwiebel
2 TL Kürbiskernöl
4 TL Weizenvollkornmehl
4 EL saure Sahne
2 Pr. fluoridiertes Jodsalz
schwarzer Pfeffer
frisch gemahlene Muskatnuss
gehackte Petersilie

Zubereitungszeit: 30 Minuten
Quellzeit: 10 Minuten

Zubereitung

Ei, Milch, Mehl und Gewürze gut verschlagen, 10 Minuten quellen lassen. Öl erhitzen und aus dem Teig zwei Pfannkuchen backen. Pfannkuchen warm stellen.

Für die Füllung die Pilze waschen, putzen und in Scheiben schneiden. Die Zwiebel schälen und würfeln und mit den Champignons in Öl dünsten, mit Mehl bestäuben. Saure Sahne untermischen und mit den Gewürzen abschmecken, Petersilie darüber streuen und den Pfannkuchen damit füllen.

Eine Portion enthält:
684 kcal/2849 Kilojoule
24 g Eiweiß
39 g Fett
59 g Kohlenhydrate
13 g Ballaststoffe

Rucolasalat mit heißem Schinkenspeckdressing

raffiniert

Zutaten für 2 Portionen
1 Schale Rucolasalat (120 g)
10 Cocktailtomaten (80 g)
1 kleine Zwiebel (60 g)
1 Knoblauchzehe
2 EL Olivenöl, extra vergine
6 dünne Scheiben Schinkenspeck (60 g)
weißer Pfeffer
fluoridiertes Jodsalz
2 EL Balsamicoessig
Zucker oder Süßstoff nach Belieben
Zubereitungszeit: 15 Minuten

Das Rezept enthält:
261 kcal/1091 Kilojoule
7 g Eiweiß
24 g Fett
4 g Kohlenhydrate
3 g Ballaststoffe

Zubereitung

Den Rucolasalat waschen, putzen, in der Salatschleuder gut trocknen. Tomaten waschen und halbieren.

Die Zwiebel und den Knoblauch schälen, fein hacken und im heißen Olivenöl mit dem fein gewürfelten Schinkenspeck scharf anbraten. Würzen, mit Balsamicoessig ablöschen, Pfanne sofort von der Platte ziehen, nochmals abschmecken und über den Rucolasalat geben. Cocktailtomaten darüber geben und sofort servieren.

Tipps & Hinweise

Dazu passt ein im Backofen aufgebackenes Vollkornbrötchen.

Anstatt Rucolasalat können Sie auch Feldsalat oder Radicchio und anstatt Cocktailtomaten auch frische Champignons verwenden.

Lauch-Linsen-Salat

ballaststoffreich

Zutaten für 2 Portionen
1 mittelgroße Porreestange
1 mittelgroße rote Paprika
1 mittelgroße rote Zwiebel
200 g gekochte Linsen (75 g Rohgewicht)
1 EL Kürbiskernöl
1–2 EL Weißweinessig
3–4 EL Wasser
fluoridiertes Jodsalz
frisch gemahlener bunter Pfeffer
Zucker oder Süßstoff nach Belieben
½ Bund Petersilie
½ Bund Schnittlauch
2 Zweige Dill
Zubereitungszeit: 20 Minuten **Kochzeit: 20 Minuten**

Zubereitung

Für den Salat den Porree in feine Ringe schneiden. Die Paprika und die Zwiebeln würfeln. Alles mit den in Salz-Essig-Wasser gar gekochten und abgekühlten Linsen vermischen.

Für die Soße das Öl mit Essig und Wasser verquirlen, mit fluoridiertem Jodsalz, Pfeffer und Zucker würzen.

Die Soße über die Linsen geben und gut vermengen. Nochmals abschmecken und kurz vor dem Servieren die fein gehackten Kräuter untermischen.

Eine Portion enthält:

227 kcal/949 Kilojoule
15 g Eiweiß
9 g Fett
34 g Kohlenhydrate
8 g Ballaststoffe

Tipps & Hinweise

Haben Sie schon einmal einen vegetarischen Brotaufstrich versucht? Das Rezept können Sie leicht in einen pikanten Brotaufstrich verwandeln. Sie müssen dazu nur alle Zutaten gründlich pürieren und zum Schluss ½ Becher Schmand unterrühren. Im verschließbaren Gefäß hält sich der Aufstrich einige Tage. Oder Sie frieren den Aufstrich in Portionen ein.

Wissen Sie, warum jedes Böhnchen oder jede Linse ein Tönchen produziert? Die in Hülsenfrüchten enthaltenen Kohlenhydrate sind für den menschlichen Verdauungstrakt kaum verdaubar. Erst im Dickdarm dienen sie den Bakterien als Nahrung und dabei entstehen die Tönchen. Das ist völlig normal und zeigt, dass Ihr Darm funktioniert.

Nordseekrabben auf Fenchelsalat

geht schnell

Zutaten für 2 Portionen
2 kleine Fenchelknollen
100 g Krabben, frisch oder tiefgekühlt
100 g Dickmilch, 1,5 % Fett
2 TL Sojaöl
2 TL Sherryessig
Pfeffer
fluoridiertes Jodsalz
2 EL frisch gehackte Korianderblätter (oder Petersilie)
1 große Zitrone
2 Vollkornbrötchen
Zubereitungszeit: 20 Minuten

Zubereitung

Die Fenchelknollen putzen und in dünne Scheiben schneiden, das Grün beiseite legen. Auf zwei Tellern zusammen mit den Krabben anrichten.

Dickmilch mit Öl, Essig und den Gewürzen und Kräutern verrühren, pikant abschmecken und darübergeben. Mit Zitronenspalten und Fenchelgrün garnieren und mit den Brötchen servieren.

Eine Portion enthält:
297 kcal/1242 Kilojoule
19 g Eiweiß
8 g Fett
33 g Kohlenhydrate
9 g Ballaststoffe

Sauerkrautsuppe

braucht etwas Zeit

Zutaten für 2 Portionen
40 g Räucherspeck
150 g Rindergehacktes
½ große Gemüsezwiebel
¼ rote Paprika
¼ grüne Paprika
½ große Gewürzgurke
125 g Sauerkraut
1 kleine Tomate
1 leicht geh. EL Tomatenmark (25 g)
fluoridiertes Jodsalz
gemahlener Kümmel
weißer Pfeffer
Paprika, edelsüß
500 ml Gemüsebrühe
2 EL saure Sahne (ca. 50 g)
½ Knoblauchzehe

Zubereitungszeit: 30 Minuten
Garzeit: 40 Minuten

Zubereitung

Den Speck würfeln und auslassen. Das Gehackte darin anbraten.

Die Gemüsezwiebel schälen, grob würfeln und zum Hackfleisch geben.

Die Paprika und Gewürzgurke würfeln und zusammen mit dem Sauerkraut zum Fleisch geben, kurz andünsten.

Die kleingeschnittene Tomate und das Tomatenmark zugeben, würzen, mit der Brühe auffüllen und ca. 40 Minuten sanft köcheln lassen.

Die saure Sahne mit der zerdrückten Knoblauchzehe verrühren, mit Salz und Paprika würzen und zur Suppe reichen.

Eine Portion enthält:
370 kcal/1547 Kilojoule
22 g Eiweiß
27 g Fett
13 g Kohlenhydrate
4 g Ballaststoffe

Chinakohl in Orangensoße

gelingt leicht

Zutaten für 2 Portionen
wenig fluoridiertes Jodsalz
1 EL Zitronensaft
2 EL Naturjoghurt, 1,5 % Fett (50 g)
frische Petersilie
etwas frisch geriebener Meerrettich
frisch gemahlener schwarzer Pfeffer
1 EL Pinien- oder Sonnenblumenkerne
1 große Orange
200 g Chinakohl
Zubereitungszeit: 20 Minuten

Zubereitung

Das fluoridierte Jodsalz mit dem Zitronensaft vermischen, Joghurt, gehackte Petersilie und Meerrettich unterrühren und mit Pfeffer abschmecken. Pinien- bzw. Sonnenblumenkerne ohne Fettzugabe in der Pfanne leicht anrösten.

Die Orange schälen und filetieren, den dabei austretenden Saft unter die Soße mischen. Den Chinakohl in sehr feine Streifen schneiden, mit den Orangenfilets mischen und in zwei Schälchen anrichten.

Die Soße über den Salat geben und mit den gerösteten Pinien- bzw. Sonnenblumenkernen bestreuen.

Eine Portion enthält:

84 kcal/351 Kilojoule
4 g Eiweiß
3 g Fett
10 g Kohlenhydrate
4 g Ballaststoffe

Tipps & Hinweise

Anstatt Chinakohl können Sie auch Eisberg-, Feld- oder Endiviensalat verwenden.

Als Abwandlung verwenden Sie anstelle von Orangenfilets Grapefruitfilets oder Mandarinenspalten.

PFIFFIGE **ZWISCHEN-MAHLZEITEN** **SNACKS** UND **DRINKS**

Eine kleine Zwischenmahlzeit, die aktiv macht oder nicht belastet, ist auch für den Darm und die gesamte Verdauung eine Wohltat. Wer von den richtigen Dingen isst, isst nicht zu viel. Eine Zwischenmahlzeit kann dick und schlapp machen – muss aber nicht. Darum genießen Sie die süßen und die deftig kräftigen Rezepte auf den kommenden Seiten. Probieren Sie die Rezepte einfach aus. Oder variieren Sie sie nach Ihren eigenen kreativen Vorstellungen und Wünschen. Also: Essen Sie öfter mal eine Kleinigkeit zwischendurch – so bleiben Sie und Ihr Darm aktiv und gesund.

Heidelbeer-Johannisbeer-Shake

bringt Schwung in den Darm

Zutaten für 2 Portionen
100 g Heidelbeeren, frisch oder tiefgefroren
100 g Johannisbeeren, frisch oder tiefgefroren
2 Becher Milch, 1,5 % Fett (400 ml)
4 EL Milchzucker
Süßstoff oder Honig
½ Vanilleschote
Zubereitungszeit: 10 Minuten

Zubereitung

Die Heidelbeeren und die Johannisbeeren verlesen, waschen und abtropfen, in die Milch geben, Milchzucker zufügen, süßen und mit einem Pürierstab kräftig pürieren. Vanilleschote seitllich schlitzen, Mark herauskratzen und zum Shake geben und nochmals kurz anschlagen.

Eine Portion enthält:

263 kcal/1099 Kilojoule
8 g Eiweiß
4 g Fett
47 g Kohlenhydrate
6 g Ballaststoffe

Tipps & Hinweise

Für diesen Shake eignen sich die meisten Beeren-Sorten.

Apfel-Vanille-Drink

süßer Ausputzer

Zutaten für 2 Portionen
2 Becher Joghurt, 1,5 % Fett (300 g)
½ Mango (150 g)
4 EL Milchzucker
Zitronensaft nach Belieben
Süßstoff oder Zucker nach Belieben
½ Vanilleschote
6 EL eisgekühltes Mineralwasser (100 ml)
4 EL Apfelsaft
Zubereitungszeit: 10 Minuten

Zubereitung

Joghurt, Mango, Milchzucker und Zitronensaft in einem Mixbecher pürieren, süßen, Vanillemark dazugeben und mit Mineralwasser sowie Apfelsaft nochmals mixen.

Eine Portion enthält:
248 kcal/1037 Kilojoule
6 g Eiweiß
3 g Fett
48 g Kohlenhydrate
1 g Ballaststoffe

Feurig scharfer Gemüse-Drink

gelingt leicht

Zutaten für 2 Portionen
2 Becher Joghurt, 1,5 % Fett (300 g)
1 Glas Tomatensaft
¼ Gurke
2 EL Milchzucker
Tabasco nach Geschmack
fluoridiertes Jodsalz
Pfeffer
Cayennepfeffer
Rosenpaprika
2 Sträußchen Petersilie
Zubereitungszeit: 10 Minuten

Zubereitung

Den Joghurt mit dem Tomatensaft und den Gurkenstücken in der Küchenmaschine kräftig passieren, mit dem Milchzucker, den Gewürzen und dem Tabasco kräftig abschmecken und leicht salzen. Die Glasränder befeuchten, in die fein gewiegte Petersilie drücken und den Saft einfüllen. Prost!

Eine Portion enthält:

221 kcal/924 Kilojoule
7 g Eiweiß
3 g Fett
41 g Kohlenhydrate
1 g Ballaststoffe

Fitmacher-Cocktail

kurbelt die Verdauung an

Zutaten für 2 Portionen
1 Glas Orangensaft
2 EL Pflaumensaft
4 EL Joghurt, 0,1 % Fett
2–4 EL Milchzucker
1 Spritzer Zitronensaft
etwas Zucker oder Süßstoff bei Bedarf
Zubereitungszeit: 5 Minuten

Zubereitung

Eiskalten Orangensaft, Pflaumensaft, Joghurt, Milchzucker und Zitronensaft in einem Shaker gut vermischen und eventuell süßen.

Eine Portion enthält:
140 kcal/585 Kilojoule
3 g Eiweiß
0 g Fett
32 g Kohlenhydrate
0 g Ballaststoffe

Süßer Hirseauflauf mit Äpfeln und Nüssen

braucht etwas Zeit

Zutaten für 2 Portionen
100 g Hirse
¼ l Milch, 3,5 % Fett
1 Pr. fluoridiertes Jodsalz
½ Vanilleschote
1 EL Honig
1 EL gehackte Nüsse (20 g)
3 TL Sesamsamen (15 g)
1 Tropfen Rumaroma
½ TL Zimt
2 Eigelb
2 mittelgroße Äpfel
1 Zitrone, ausgepresst
2 Eiweiß
Zucker oder Süßstoff nach Belieben
½ TL flüssiges Butterschmalz
Zimt zum Bestäuben
Zubereitungszeit: 30 Minuten **Quellzeit: 25 Minuten** **Backzeit: 30 Minuten**

Zubereitung

Die Hirse heiß abspülen und dann zusammen mit der Milch, einer Prise fluoridiertem Jodsalz und der aufgeschlitzten Vanilleschote zum Kochen bringen, 25 Minuten ausquellen lassen.

Den Honig, die Nüsse, den zuvor trocken in der Pfanne angerösteten Sesamsamen, das Rumaroma und den Zimt unter die Masse rühren. Die mit etwas heißem Wasser schaumig geschlagenen Eigelbe nach und nach unterrühren.

Die Äpfel entkernen, würfeln und mit Zitronensaft beträufeln, unter den Brei geben. Die Eiweiße steif schlagen, etwas Zitronensaft hinzufügen und vorsichtig unter die Hirsemasse ziehen. Je nach Geschmack süßen.

Die Masse in einer leicht mit flüssigem Butterschmalz gefetteten Auflaufform füllen und im vorgeheizten Backofen bei 175 °C ca. 30 Minuten backen. Vor dem Servieren mit Zimt bestäuben.

Eine Portion enthält:

514 kcal/2149 Kilojoule
18 g Eiweiß
22 g Fett
70 g Kohlenhydrate
8 g Ballaststoffe

Tipps & Hinweise

Anstatt Hirse können Sie auch Weizenkörner oder Vollkornreis verwenden. Eine besondere Note erhält der Auflauf, wenn Sie anstatt Äpfel Orangen und Kiwis verwenden.

Wenn es einmal ganz besonders lecker – aber kalorienreich – werden soll, geben Sie einige Butterflöckchen über den Auflauf. Darüber streuen Sie mit Zimt, Zucker oder Süßstoff und Vanillemark gemischte Semmelbrösel (für den Darm sind geriebene Vollkornbrötchen besonders gut).

Haferflockenkekse

gut vorzubereiten

Zutaten für 40 Stück
150 g Vollkornhaferflocken
100 g Diätmargarine
100 g Honig
1 Pr. fluoridiertes Jodsalz
1 Eigelb
100 g gemahlene Haselnüsse
1 TL Zimt
je ¼ TL Vanille und Anis, gemahlen
1 TL Kakao
1 TL Backpulver
7 EL Wasser
1 Eiweiß
Zubereitungszeit: 20 Minuten **Backzeit: 15 Minuten**

Zubereitung

Die Vollkornhaferflocken in einer Pfanne trocken anrösten.

Margarine und Honig schaumig rühren, fluoridiertes Jodsalz sowie Eigelb dazugeben und unterrühren.

Die Haselnüsse mit Zimt-, Vanille-, Anispulver, gesiebtem Kakao und Backpulver vermengen. Diese Mischung und die Haferflocken unter die Margarine-Honig-Masse rühren. Wassermenge hinzugeben, bis der Teig schwer vom Löffel fällt.

Steifgeschlagenes Eiweiß unter den Teig heben.

Mit 2 Teelöffeln kleine Teighäufchen – mit Abstand – auf das mit Backpapier ausgelegte Backblech setzten. Bei 180 °C ca. 15 Minuten backen.

Ein Keks enthält:
57 kcal/238 Kilojoule
1 g Eiweiß
4 g Fett
5 g Kohlenhydrate
1 g Ballaststoffe

Tipps & Hinweise

Sehr gut schmecken die Plätzchen auch mit einer Mischung aus trocken angerösteten Samen (Sesam, Leinsamen und Sonnenblumenkerne).

Diabetiker können anstatt Honig Zuckeraustauschstoffsirup aus dem Reformhaus verwenden.

Richtig winterlich werden die Kekse, wenn Sie etwas mehr Zimt und anstatt des Honigs Apfeldicksaft verwenden.

Leckere Müsliriegel

gut vorzubereiten

Zutaten für 40 kleine Riegel
325 ml Wasser
300 g Honig
200 g Haferflocken
200 g Weizenflocken
100 g Kokosraspeln
50 g Sesamsamen
300 g Dörrobst, fein gehackt
1 Msp. Vanille
1 TL gemahlener Zimt
1 Pr. fluoridiertes Jodsalz
2 Eigelb
2 Eiweiß

Zubereitungszeit: 30 Minuten
Quellzeit: 10 Minuten
Backzeit: 30 Minuten

Zubereitung

Wasser und Honig in einen kleinen Topf geben und bei mittlerer Hitze auf dem Herd erwärmen, bis sich der Honig gelöst hat.

Hafer-, Weizenflocken, Kokosraspeln, Sesamsamen, Dörrobst, Vanille, Zimt und Salz in einer Schüssel mischen. Honigwasser und Eigelb zu der Müslimischung geben und alles noch einmal gut durchrühren. Die Masse dann 10 Minuten quellen lassen.

Eiweiß steif schlagen und unter die Müslimischung rühren.

Ein Backblech mit Backpapier auslegen und die Mischung daraufstreichen. Dann eine Folie auf die Mischung geben und mit einer Küchenrolle die Masse fest auf das Blech drücken.

Die Folie entfernen und die Riegel bei 160 °C 20–30 Minuten backen. Die Masse direkt nach dem Backen noch heiß in 40 Riegel schneiden. Die Riegel in einer gut verschließbaren Plastikschüssel aufbewahren.

Ein Riegel enthält:
100 kcal/418 Kilojoule
2 g Eiweiß
3 g Fett
15 g Kohlenhydrate
2 g Ballaststoffe

Birnenstrudel

etwas aufwändiger

Zutaten für 16 Scheiben
Für den Teig:
250 g Dinkelvollkornmehl
2 EL Walnussöl
ca. 125 ml lauwarmes Wasser
1 Pr. fluoridiertes Jodsalz
1 TL Zucker oder Honig
½ TL Zimt
2 Tropfen Vanillearoma
1 Tropfen Rumaroma
Für die Füllung:
10 mittelgroße Birnen
3 ½ gestrichene EL Zucker
100 g kernige Haferflocken
100 g Rosinen
2 EL Rapsöl (30 ml)

Zubereitungszeit: 40 Minuten
Ruhezeit: 30 Minuten
Backzeit: 30 Minuten

Zubereitung

Das Mehl sieben, mit den restlichen Zutaten gut verkneten und schlagen, bis der Teig geschmeidig ist. Danach eine Kugel formen, mit etwas Öl bestreichen und ca. 30 Minuten in Folie im Kühlschrank ruhen lassen.

Danach den Teig vorsichtig dünn ausziehen. Vollkornstrudelteig lässt sich nicht so dünn ausziehen wie Strudelteig aus Weizenmehl Type 405.

Für die Füllung die Birnen waschen, entkernen, klein schneiden, mit dem Zucker, den Haferflocken und den Rosinen mischen und auf dem Strudelteig verteilen. Den Strudel einrollen, mit Öl bepinseln und im vorgeheizten Backofen bei 175 °C etwa 30 Minuten backen.

Den Strudel in 16 Scheiben schneiden.

Eine Scheibe enthält:
176 kcal/736 Kilojoule
3 g Eiweiß
5 g Fett
37 g Kohlenhydrate
4 g Ballaststoffe

Tipps & Hinweise

Dazu passt Zimtsahne oder lauwarme Vanillesoße.

Diabetiker können anstatt Zucker 2½ EL Fruchtzucker verwenden.

Winterlich gefüllter Bratapfel

für kalte Tage

Zutaten für 2 Portionen
Für die Äpfel:
4 säuerliche Äpfel (600 g z. B. Boskop)
1 Zitrone
2 geh. EL Butterschmalz (40 g)
1 EL Mandelblätter (50 g)
½ TL Zimt
½ TL Lebkuchengewürz
2 geh. EL Rosinen (50 g)
Für die Vanillesoße:
200 ml Milch, 1,5 % Fett
½ Vanillestange
1 TL Speisestärke (10 g)
flüssiger Süßstoff

Zubereitungszeit: 25 Minuten
Backzeit: 20 Minuten

Zubereitung

Die Äpfel waschen und halbieren, das Kerngehäuse herausschneiden. Äpfel mit Zitronensaft beträufeln.

Eine Auflaufform mit 1 TL Butterschmalz auspinseln. Das restliche Butterschmalz in einer Pfanne schmelzen lassen, die Mandelblättchen darin anbraten, den Zimt, das Lebkuchengewürz und die Rosinen hinzufügen. Die Masse auf die Apfelhälften verteilen und in die Auflaufform geben. Im vorgeheizten Backofen bei 220 °C circa 20 Minuten backen.

Für die Soße die Milch zusammen mit dem Vanillemark und der ausgekratzten Vanilleschote aufkochen. Speisestärke mit etwas kaltem Wasser und flüssigem Süßstoff anrühren und in die kochende Milch geben. Kurz aufkochen lassen und abkühlen.

Eine Portion enthält:

315 kcal/1317 Kilojoule
5 g Eiweiß
19 g Fett
30 g Kohlenhydrate
6 g Ballaststoffe

Tipps & Hinweise

Zimt senkt laut Studien effektiv den Blutzucker und die Blutfette.

Exotischer Obstsalat „à la Memphis"

gelingt leicht

Zutaten für 2 Portionen
2 frische Feigen
2 Kiwis
1 Mango
2 getrocknete Datteln
2 Orangen, frisch gepresst
2 TL Kürbiskerne
2 TL Leinsamen
Zubereitungszeit: 15 Minuten

Zubereitung

Die Feigen halbieren. Zwei Hälften in dünne Scheiben schneiden, die anderen beiden Hälften vierteln.

Die Kiwis schälen und in Scheiben schneiden, die Mango schälen und in dünne Spalten schneiden. Die Datteln in kleine Stückchen schneiden. Das Obst auf zwei Tellern anrichten und mit Orangensaft beträufeln. Mit Kürbiskernen und Leinsamen bestreuen.

Eine Portion enthält:
242 kcal/1012 Kilojoule
5 g Eiweiß
4 g Fett
45 g Kohlenhydrate
7 g Ballaststoffe

Rat und Tat

Wichtige Adressen

Bundeszentrale für gesundheitliche Aufklärung (BZgA)
Ostmerheimer Straße 220
51109 Köln
Tel. 0221/89920
Fax 0221/8992300
www.bzga.de

Deutsche Gesellschaft für Ernährung (DGE) e. V.
Godesberger Allee 18
53175 Bonn
Tel. 0228/3776600
Fax 0228/3776800
www.dge.de

Deutsche Gesellschaft zur Bekämpfung der Krankheiten von Magen, Darm und Leber sowie von Störungen des Stoffwechsels und der Ernährung (Gastro-Liga) e. V.
Friedrich-List-Straße 13
35398 Gießen
Tel. 0641/974810
Fax 0641/9748118
E-mail: geschaeftsstelle@gastro-liga.de
www.gastro-liga.de

neuform – Vereinigung deutscher Reformhäuser e. G.
Waldstraße 6
61440 Oberursel
Tel. 06172/30030
Fax 06172/303967
E-mail: info@neuform.de
www.neuform.de
www. reformhaus.de

Buchtipps

Sven-David Müller-Nothmann, Christiane Weißenberger:
Ernährungsratgeber Gicht. 2006. Schlütersche Verlagsgesellschaft mbH & Co. KG

Sven-David Müller-Nothmann, Christiane Weißenberger:
Ernährungsratgeber Backen bei Diabetes. 2006. Schlütersche Verlagsgesellschaft mbH & Co. KG

Sven-David Müller-Nothmann, Christiane Weißenberger:
Ernährungsratgeber Diabetes. 2007. Schlütersche Verlagsgesellschaft mbH & Co. KG

Sven-David Müller-Nothmann, Christiane Weißenberger:
Ernährungsratgeber Schilddrüse. 2007. Schlütersche Verlagsgesellschaft mbH & Co. KG

Doreen Nothmann, Sven-David Müller-Nothmann:
Die dicksten Diätlügen. 2007. Schlütersche Verlagsgesellschaft mbH & Co. KG

Autoreninfo

Sven-David Müller-Nothmann absolvierte die Ausbildung zum Diätassistenten an der Diätlehranstalt des Kreiskrankenhauses Bad Hersfeld (Akademisches Lehrkrankenhaus des Universitätsklinikums Gießen). Später wechselte er an das Universitätsklinikum der RWTH Aachen, wo er von 1990 bis 1996 in der Diät- und Diabetesberatung tätig war. Daneben war er an Vorlesungen beteiligt und publizierte zahlreiche Artikel in Fachzeitschriften. 1995 absolvierte er eine Fortbildung zum Diabetesberater der Deutschen Diabetes Gesellschaft (DDG).

Nach verschiedenen Volontariaten wechselte Sven-David Müller-Nothmann zur Deutschen Gesellschaft für gesundes Leben und arbeitete anschließend als Redakteur und Assistent der Geschäftsleitung in der PMI Verlagsgruppe in Frankfurt am Main. In den Jahren 1998 und 1999 baute er die Presse- und Informationsstelle des Universitätsklinikums der RWTH Aachen auf und leitete diese.

Als Autor hat Sven-David Müller-Nothmann 45 Bücher herausgegeben, die eine Gesamtauflage von 600 000 Exemplaren erreichen und in neun Sprachen erscheinen sind. Regelmäßig ist er Gast in TV-Sendungen und moderiert das Fernsehmagazin „GesundZeit" in Leipzig.

Er ist 1. Vorsitzender des Deutschen Kompetenzzentrums Gesundheitsförderung und Diätetik e.V.

Im Februar 1976 erkrankte er an Diabetes mellitus Typ 1. Diese Erkrankung prägte seinen Berufswunsch und seine spätere Berufstätigkeit.

Für seinen Einsatz um die Ernährungsaufklärung und die Diabetikerschulung erhielt er 2005 das Verdienstkreuz am Bande des Verdienstordens der Bundesrepublik Deutschland.

Christiane Weißenberger arbeitete vor der Geburt ihres Sohnes als Diätassistentin und Diabetesassistentin DDG in einer diabetologischen Schwerpunktpraxis in Würzburg. Vor ihrer Ausbildung zur Diätassistentin an der Universitätsklinik Würzburg absolvierte die bekannte Buchautorin eine Ausbildung zur Hauswirtschafterin. Sie hat sich auf die Beratung von Diabetikern und Menschen, die unter Stoffwechselstörungen leiden, spezialisiert. Außerdem führt sie Adipositasschulungen und Lehrküchenveranstaltungen durch. Zusammen mit Sven-David Müller-Nothmann hat sie bereits mehrere Ratgeber-Kochbücher geschrieben.

Lynn Müller aus Köln ist diplomierte Ernährungswissenschaftlerin, die sich auf die diätetische Therapie von Magen-Darm-Patienten spezialisiert hat. Vor ihrem Studium der Ernährungswissenschaft absolvierte sie eine Ausbildung zur Krankenschwester. Sie ist wissenschaftliche Mitarbeiterin des Deutschen Kompetenzzentrum Gesundheitsförderung und Diätetik e.V. in Köln.

Register

Sven-David Müller • Katrin Raschke

Das Kalorien-Nährwert-Lexikon

2., überarbeitete Auflage

2004. 208 Seiten, 15,5 x 21,0 cm, kartoniert
ISBN 978-3-89993-509-7
€ 12,90

„Ballaststoffe, Eiweiß, Vitamine, Minerale … Wie viele brauchen wir für unsere tägliche Ernährung? Das ‚Kalorien-Nährwert-Lexikon' enthält neben den Zahlenwerten eine sehr übersichtliche, farbige Bewertung der einzelnen Nährstoffe." *Frau mit Herz*

„Unschlagbar praktisch ist, dass über 3000 Lebensmittel im Lexikon alphabetisch aufgelistet sind und mühsames Suchen entfällt." *Natur-Heilkunde Journal*

Sven-David Müller • Prof. Dr. Michael Vogt
Doreen Nothmann

Moderne Ernährungsmärchen

2., aktualisierte und erweiterte Auflage

2007. 160 Seiten, ca. 110 Farbfotos, 15,5 x 21,0 cm, kartoniert
ISBN 978-3-89993-524-0
€ 12,90

„Unterhaltsam spannend geschrieben. Als Orientierungshilfe bietet das Buch neben der aktuellen Ernährungspyramide auch Regeln zur gesunden Ernährung und listet die Top-Vitaminspender auf." *Bad Doberaner Anzeiger*

„Dieses Buch analysiert bekannte, aber oft falsche Ernährungsweisheiten wie z. B. ‚Schokolade macht dick' oder ‚Spinat darf man nicht aufwärmen'. Der Ratgeber gibt tolle Tipps für eine gesunde Ernährung." *LAURA*

Sven-David Müller

Die Müller-Diät

Dauerhafte Ernährungsumstellung für die Idealfigur

2005. 128 Seiten, 63 Abbildungen, 15,5 x 21,0 cm, kartoniert
ISBN 978-3-89993-504-7
€ 12,90

Die Müller-Diät setzt auf die richtige Mischung und Auswahl der verschiedenen Lebensmittel. Nichts ist grundsätzlich verboten. Es gibt Deftiges und Süßes zu jeder Mahlzeit, so dass sie dauerhaft sättigt und zufrieden macht.

Stand August 2007. Änderungen vorbehalten.

schlütersche

Sven-David Müller-Nothmann • Christiane Weißenberger

Ernährungsratgeber Backen bei Diabetes

Genießen erlaubt

2007. 116 Seiten, 71 Farbfotos, 15,5 x 21,0 cm, kartoniert
ISBN 978-3-89993-526-4
€ 12,90

Auch als Diabetiker muss man nicht auf den Genuss von Quiches, Kuchen und Gebäck verzichten! Dieser Ratgeber regt zum kreativen Backen an. Alle Rezepte wurden von Experten entwickelt und entsprechen den aktuellen Ernährungsrichtlinien für Diabetiker: von Pikantem wie Quiche Lorraine, über Brote und Brötchen bis hin zu Kuchenklassikern wie Bienenstich.

Sven-David Müller-Nothmann • Christiane Weißenberger

Ernährungsratgeber Diabetes

Genießen erlaubt

2007. 140 Seiten, 92 Farbfotos, 15,5 x 21,0 cm, kartoniert
ISBN 978-3-89993-529-5
€ 12,90

Das Buch informiert ausführlich über die Krankheit Diabetes und erläutert die Behandlungsmöglichkeiten.
Die Autoren stellen viele leckere Gerichte vor, mit denen man sich selbst und seine Gäste verwöhnen kann.

Sven-David Müller-Nothmann • Christiane Weißenberger

Ernährungsratgeber Rheuma

Genießen erlaubt

2007. 144 Seiten, 114 Farbfotos, 15,5 x 21,0 cm, kartoniert
ISBN 978-3-89993-525-7
€ 12,90

Dieser Ratgeber informiert umfassend über die Krankheit Rheuma. Die Autoren erläutern die Behandlungsmöglichkeiten und fassen die wichtigsten Informationen zur modernen Rheumatherapie zusammen. Lecker essen und dadurch die Entzündungen im Körper reduzieren – unter diesem Leitsatz steht das Kochbuch.

schlütersche

Stand August 2007. Änderungen vorbehalten.